MEIN INNERER WOLF

Mit Achtsamkeit aus dem Gefühlschaos

Agata Danis

Bibliografische Information
der Deutschen Nationalbibliothek:

Die Deutsche Nationalbibliothek
verzeichnet diese Publikation in
der Deutschen Nationalbibliografie.
Detaillierte bibliografische Daten
sind im Internet über
http://www.d-nb.de abrufbar.

© 2015 novum Verlag

ISBN 978-3-99048-998-7
Lektorat: Claudia Matusche
Umschlag- und Autorenfoto:
Sabine Klimpt
Umschlaggestaltung, Layout & Satz:
novum Verlag

Gedruckt in der Europäischen Union
auf umweltfreundlichem, chlor- und
säurefrei gebleichtem Papier.

www.novumverlag.com

Inhaltsverzeichnis

Widmung 7

Vorwörter 9
   Mag.a Alexandra Reinagl 11
   Claudia Maurer und Shi Xing Mi, Shaolin 13

Einleitung 15

Eigencoaching über die Gesundheit 21
   Mein innerer Wolf 23
   Fazit – Ein Leben voller Lebensfreude 28

Coaching-Geschichten über den Erfolg 31
   Der unsichtbare Weg 33
   Fazit – Mach das Beste daraus 39
   Nuss und Honig 41
   Fazit – Erfolg mit Erfüllung 46
   Optimale Strukturen 49
   Fazit – Eine glückliche Stimmung als Strategie 55
   Multikulti Chefsessel 57
   Fazit – Gemeinsamkeiten verbinden 63
   Zwei Seiten einer Medaille 65
   Fazit – Ich laufe nicht mehr auf Autopilot 72
   Mitten im Chaos 75
   Fazit – Mitgefühl statt Mitleid 80

Coaching-Geschichten über die Liebe 83
   Ich bin eine Schokoladentorte 85
   Fazit – Ich bin liebenswert 90
   Die geschlossene Tür 93
   Fazit – Danke für die gemeinsame Zeit 97
   Bisserl Spaß 99
   Fazit – Der Weg zu sich selbst 105

Dank 107

Literatur 109

Über die Autorin 113

Widmung

Dieses Buch ist meinen Söhnen Andreas und Gabriel und all meinen Begleitern gewidmet, die dazu beigetragen haben, es entstehen zu lassen.

Und ich widme es dir, mit grenzenlosem Vertrauen, dass du den Weg aus dem Gefühlschaos ins Glück, Lebensfreude und innere Zufriedenheit findest.

VORWÖRTER

Mag.a Alexandra Reinagl

Erst seit ich Managementfunktionen bekleide, beschäftige ich mich mit Managementcoaching. Ich glaube, das liegt daran, dass man auf der Ebene des Managers bzw. der Geschäftsführerin in einer einsamen Position ist. Ein ehrliches und konstruktives Feedback ist fast nicht zu bekommen. Wie auch? Die geführten Mitarbeiter und Mitarbeiterinnen hüten sich und die Gleichgestellten haben manchmal keinen Grund zur Ehrlichkeit. Da ich ein reflektierender Mensch bin, war das für mich keine zufriedenstellende Situation. Gerade als oberste Führungskraft hat man eine absolute Vorbildwirkung. Also braucht man einen ehrlichen Begleiter, einen Menschen, der einem einen Spiegel vorhält, bei dem das Feedback auch weh tun kann, da es geschulte Leute abgeben. So kam ich erstmals dazu: Ich wollte mich weiterentwickeln als Führungskraft und wissen, wie ich wirke.

Vor ca. dreieinhalb Jahren kam aber dann eine neue Situation dazu, die der Begleitung eines professionellen Coaches bedurfte. Ich stand vor einer weitreichenden Entscheidung: Ich sollte von einem mittelständischen Unternehmen in einen Großkonzern wechseln. Ich hatte das Gefühl, einen Golfball gegen einen Medizinball einzutauschen. Ich stieß somit auf Frau Dr. Danis, deren Fachkompetenz genau auf meine damaligen Bedürfnisse passte. Ich kann nur jeder und jedem empfehlen, sich in derartig schwierigen Veränderungen von einem Coach begleiten zu lassen. Es ist nicht zu unterschätzen, dass positive Nachrichten genauso aus der Komfortzone herausreißen wie negative. Entscheidend ist der erste Termin, im Zuge dessen sich herausstellt, ob Coach und Coachee zusammenpassen. Wir haben nahezu 18 Monate zusammengearbeitet und ich empfand das Coaching ähnlich einer Starthilfe – es ging vielfach leichter, sich die richtigen Fragen zu stellen und darauf die passenden Antworten zu finden. Abgesehen davon lernt man immer wieder etwas Neues über sich selbst.

Jede Führungskraft, die sich ihrer Vorbildwirkung bewusst ist, und jeder Mensch ganz generell, der an der Wahrnehmung seines Umfeldes interessiert ist, sollte sich – zumindest für eine Zeit – coachen lassen. Schließlich steckt doch in jeder/m der Wunsch, ein besserer Mensch zu werden.

Mag.a Alexandra Reinagl
Geschäftsführerin der Wiener Linien
Oktober 2014

Claudia Maurer und Shi Xing Mi, Shaolin

Coaching ist ein Entwicklungsprozess, in dem ein Coach seinem Cochee/Klienten auf seiner Reise zu seinem beruflichen oder privaten Lebensziel begleitet.

Für Agata Danis haben Menschen die Freiheit, Überzeugungen, Wahrnehmungen und Gefühle zu ändern, dabei ist sie ein kompetenter Wegbegleiter.

In diesem Prozess ist der Weg, um neue Lösungen zu entdecken, von Bedeutung. Oftmals ist er verbunden mit nachhaltigen Veränderungen, bei denen innere Blockaden, Konditionierungen, Gedankenfallen bewusst überwunden oder akzeptiert werden müssen.

Das Buch nimmt die Scheu vor einem Coaching, denn ein Coach ist wie ein Sparringspartner, er trainiert ziel- und lösungsorientiert. Die Autorin stellt Coaching-Übungen vor und gibt einen Einblick hinter die Kulisse einer Coachingstunde.

„Der Mensch funktioniert nicht, der Mensch lebt" ist die Botschaft von Agata Danis.

Der Leser erfährt viel aus dem Reichtum ihrer beruflichen und persönlichen Erfahrungen mit dem Umgang mit Herausforderungen, Lebenskrisen und Veränderungen.

Es ist heute enorm wichtig, im Arbeitsalltag gelassen auf Herausforderungen und Stresssituationen zu reagieren, auf diesem Gebiet arbeiten auch wir als Trainerteam seit vielen Jahren in unseren Seminaren „Business meets Spirit" in denen wir ein Denk- und Handlungskonzept vermitteln, das auf der jahrtausendalten Weisheit der Shaolin Mönche, verbunden mit innovativen Coachingtools, basiert.

„Mein innerer Wolf" von Agata Danis ist ein brillantes Buch, zum Thema Achtsamkeit und qualifiziertes Coaching, das wir mit großem Interesse gelesen haben und auch erfolgreichen Managern und Führungskräften als Lektüre sehr empfehlen.

Claudia Maurer und Shi Xing Mi, Shaolin – Autoren von „Gib nicht ALLES, gib das RICHTIGE, Shaolinstrategien für Manager"
November 2014

EINLEITUNG

Wir leben in einer Welt, in der hoher Wettbewerbsdruck und massive Erwartungshaltungen zum Alltag gehören. Auf der rationalen Ebene sind logisch-analytisches und wirtschaftliches Denken und schnelle Entscheidungsfindung unerlässlich. Auf der emotionalen Ebene brauchen wir Stressresistenz, Gelassenheit und Überzeugungskraft. Wie soll das gehen?

In der westlichen Kultur wird die Zukunft durchgeplant. Ungewissheiten werden so weit wie möglich minimiert. Dies geschieht, weil wir Angst vor dem Unbekannten und Unvorhersehbaren haben. Aber auch durch strukturiertes Vorausdenken können wir nicht sämtliche Ängste eliminieren. Deshalb haben wir Strategien entwickelt, um mit diesen Gefühlen umzugehen.

Wir unterdrücken Angst und Unzufriedenheit, um weiterhin funktionieren zu können. Das Problem dabei ist, dass sich Gefühle nicht selektiv betäuben lassen. Gemeinsam mit den Ängsten, Verletzungen und Enttäuschungen verlieren wir leider oft auch die Wahrnehmung für unsere positiven Gefühle wie Lebensfreude, Kreativität und Vitalität. Wenn man länger in diesem unterdrückten Zustand agiert, schwinden der Glaube an sich selbst und die Lebenskraft.

Durch ständiges Grübeln über die Ereignisse in der Vergangenheit oder Zukunft gönnen wir unserem Geist keine Ruhepause. Wir haben es nicht gelernt unser „Kopfkino" auszuschalten. Wir erledigen unsere Aufgaben automatisch, laufen oft auf Autopilot wie Roboter und merken nicht einmal, dass wir die Gegenwart, das „Hier und Jetzt", nicht bewusst erleben. Wo bleibt unsere Selbstwirksamkeit, Präsenz und Lebensfreude?

Man muss deshalb verstehen: Der Mensch funktioniert nicht – der Mensch lebt! Er lebt ein buntes Leben, mit Höhen und Tiefen. Coaching bietet eine Möglichkeit, das zu begreifen, die inneren Blockaden zu erkennen, die Selbstwahrnehmung zu aktivieren und eine positive Zukunftsvision zu erarbeiten.

Im Leben dreht sich meistens alles um Liebe, Gesundheit und Erfolg – und darum geht es auch in meinen Geschichten. Die Klienten und Klientinnen, von denen ich erzähle, stehen stellvertretend für uns alle. Sie werden sich in diesen Geschichten sicherlich auch wiederfinden, weil es um Fragen der beruflichen Herausforderungen geht, um Liebeskummer, Gesundheit, darum, Erfolg und Erfüllung zu verbinden, Lebensfreude zu finden, mit Veränderungen im Leben umgehen zu können.

In zehn authentischen Geschichten aus meinem Coaching-Alltag zeige ich, wie man berufliche und private Krisensituationen bewältigen kann und wie meine Art zu Coachen funktioniert. Die Coachees haben die Möglichkeit und die Freiheit ihre Überzeugungen, Wahrnehmungen und Gefühle zu ändern; ich bin der Wegbegleiter.

In den Geschichten zeige ich Wege aus dem Gefühlschaos nach dem Motto „From Misery to Majesty". Anhand der Fallbeispiele erfahren Sie, wie Sie:

- in Achtsamkeit leben können, was Achtsamkeit bewirkt
- Ihre Gedanken und Gefühle bewusst wahrnehmen
- Ihre alten Konditionierungen, Gedankenfallen loslassen, den eigenen Weg finden können
- eine positive Zukunftsvision erarbeiten
- mit Veränderungen umgehen können
- Ihr Selbstwertgefühl stärken
- Erfolg und Erfüllung verbinden

Meine Krankheit und vor allem mein Weg zur Genesung, die ich in der Geschichte „Mein innerer Wolf" erzähle, hat mich geprägt und meinen Zugang zur Problemlösung sehr verändert. Ich habe es mit Hilfe der Achtsamkeitsübung gelernt, mein „Kopfkino", das ständige Grübeln und Nachdenken, auszuschalten.

Jon Kabat-Zinn, der Entwickler der weltweit bekannten Methode „Mindfulness-Based Stress Reduction" (MBSR), definiert Achtsamkeit als „eine bestimmte Form von Aufmerksamkeit, die sich auf den gegenwärtigen Augenblick bezieht und diesem, ohne zu werten, gegenübersteht". (Kabat-Zinn, 2009; 18)

Mit der Achtsamkeitsübung habe ich für mich einen Weg gefunden auch in Krisensituationen ruhiger und gelassener zu werden. Während der Meditation konnte ich beobachten, wie meine Gedanken entstehen. Ich habe erfahren, wie befreiend es ist, wenn man den eigenen Gedanken und Gefühlen nicht hilflos ausgeliefert ist, sondern sie einfach lenken kann, statt sich lenken zu lassen. Wenn wir leidvolle Gefühle wie Angst, Verzweiflung, Trauer erleben, haben wir das Potenzial und die Freiheit diese Gefühle bewusst wahrzunehmen und loszulassen. „Üben wir Achtsamkeit, lassen wir die Gedanken los. Wir öffnen uns dem Wohlbefinden. Wir halten nicht länger fest, sondern treten ein in den Strom aus klarer Energie." (Han Shan, 2011; 185)

Als systemischer Coach bin ich ziel- und lösungsorientiert, aber in mein Coaching fließen auch Entspannungstechniken wie die Achtsamkeits-Übung, Meditation, Hypnotherapie oder aktive Imagination ein.

Durch das Praktizieren der Achtsamkeitsmethoden haben sich meine soziale Kompetenz, Intuition, Empathie und die Beziehungs- und Prozessqualität zwischen mir und meinen KlientInnen vertieft. „Die Coach-Klient-Beziehung ist erwiesenermaßen ein, wenn nicht „der" zentrale Wirkfaktor im Coaching. Eine geschulte und aktiv praktizierte Achtsamkeit fördert die Beziehungsqualität und hat gleichzeitig Modellfunktion für den Klienten. Ist ein Coach bereit, Achtsamkeitsmethoden als weit mehr als Entspannungstools zu betrachten, begibt er sich selbst auf einen herausfordernden Entwicklungsweg. Ein Weg, der beim Coach selbst zur Stärkung persönlicher und fachlicher Ressourcen führt." (Goldstein & von Schumann, Coaching-Newsletter von Christopher Rauen, 2014–04; Achtsamkeit im Coaching – Teil 2)

Es ist faszinierend zu erleben, wenn während der Coaching-Gespräche ein kleiner Anstoß ausreicht, dass sich Coachees aus vermeintlich hoffnungslosen Situationen befreien. Ich muss sie manchmal nur bis zur nächsten Kurve begleiten und sie sehen den Weg wieder vor sich. Viele dieser Geschichten sind es wert, aufgeschrieben zu werden, denn sie können anderen Menschen in ähnlichen Situationen Hoffnung und Hilfe geben.

Ich unterstütze meine Klienten und Klientinnen dabei:
* ihre Gedanken und Gefühle nicht zu unterdrücken, sondern wahrzunehmen und sich dabei nicht in leidvollen Gefühlen zu verlieren
* sich ihrer inneren Blockaden, Konditionierungen, Gedankenfallen, Vorlieben oder Abneigungen bewusst zu werden
* alles, was sie in ihrer Entwicklung hindert, loslassen zu können
* mit Hilfe von Achtsamkeit ihre emotionale Intelligenz zu verbessern
* Gelassenheit, Lebensfreude, Glück und Kreativität zu leben.

Das Buch bietet praktikable Lösungen für Probleme im Berufsalltag und im Privatleben. Es nimmt die Scheu vor Coaching, weil es konkrete Fälle aufzeigt, Coaching-Übungen vorstellt und damit einen Blick hinter die Kulissen einer Coachingstunde bietet. Darüber hinaus gibt das Buch Hilfe zur Selbsthilfe.

Die Geschichten sind authentisch aus meinem Coaching-Alltag. Alle Angaben sind so verändert, dass die Menschen nicht wiederzuerkennen sind und ihre Anonymität gewahrt bleibt. Meine Klienten und Klientinnen waren mit der Publikation in dieser veränderten Form einverstanden.

Zwei Punkte waren mir beim Schreiben besonders wichtig:
* An Beispielen zeigen, wie man aus verschiedenen Lebenskrisen und Herausforderungen lernen und als Gewinner hervorgehen kann.
* Aufmerksam machen, dass mit einem „Mehr" an Achtsamkeit, emotionaler Intelligenz, Empathie und Selbstwahrnehmung das Leben wesentlich lebenswerter wird.

Ich wünsche Ihnen viel Lesevergnügen bei den Coaching-Geschichten, viel Erfolg bei der Durchführung der Übungen und ein Leben voller Lebensfreude!

Ihre Agata Danis

EIGENCOACHING ÜBER DIE GESUNDHEIT

Mein innerer Wolf

Im Mai 2013 hatte ich eine Gallenblasen-Operation, nach der es mir gleich im Anschluss sehr gut ging. Zwei Wochen später, als ich meine Operation daher schon fast vergessen hatte, rief mich eine Ärztin aus dem Krankenhaus an und teilte mir mit, dass der pathologische Befund meiner Gallenblase ein follikuläres Lymphom in der Gallenblasenwand ergeben hätte.

Eigentlich hätte es damals ein schöner Tag und eine besonders schöne Woche werden sollen. Denn mein älterer Sohn, der seit einem Jahr in den USA lebt, kam an diesem Tag in Wien an. Ich hatte mich auf seinen Besuch sehr gefreut. Leider verlief dann alles anders als geplant. Das Erste, was er hier erlebte, war dieser Anruf. Danach googelte er sofort den Begriff follikuläres Lymphom und wurde ganz blass und still. Seinem Gesichtsausdruck war abzulesen, dass es nichts Gutes bedeuten konnte. Es bedeutet tatsächlich nichts Gutes: Es ist Krebs, der in vier Stufen verläuft. Stadium drei und vier sind nicht mehr heilbar.

Ich war wie gelähmt. Wie schützt man seine Kinder vor solchen Nachrichten? Wie sage ich es meinem jüngeren Sohn? Wie werden sie mit meiner Krankheit umgehen? Wie werde ich damit umgehen?

Und überhaupt, was tut man, wenn man erfährt, dass man in seinem Körper ein bösartiges Geschwür hatte, das nur durch Zufall gerade entfernt werden konnte? Ist es eine gute Nachricht? Weil ich es nicht mehr habe? Oder ist es eine schlechte Nachricht? Habe ich es vielleicht schon überall?

Ich kann mich nicht mehr ganz genau an mein Telefongespräch mit meiner Ärztin erinnern, ich weiß aber noch, dass ich zu ihr sagte: „Ich entscheide mich für das Best-Case-Szenario, der Chirurg hat die Gallenblase entfernt und damit alles rausgeschnitten."

Aber war es tatsächlich so? Es folgten Tage der Unsicherheit, das Warten auf verschiedene Untersuchungen und dann auf die Ergebnisse.

Was kann ein Coach in so einem Fall tun? Eigencoaching!

Ich nahm alle meine schlauen Bücher, bestellte zahlreiche weitere und las sie alle. Es folgte eine intensive Auseinandersetzung mit „meinem inneren Wolf", mit meinen Gedanken und Gefühlen.

Mein erster Schritt war, die Vergangenheit zu heilen und zu vergeben.

Ich wollte meine leidvollen Gefühle wie Ablehnung, Enttäuschung, Trauer, Schmerz oder Angst nicht mehr mit mir schleppen. Es gibt eine schöne Übung (Biedermann, 1991; 56), die ich immer wieder wiederholte: Ich entspannte mich und stellte mir vor, unter einem großen, schattigen Baum zu sitzen. Alle Menschen, die ich kenne, kamen einzeln zu mir. Wir lächelten uns gegenseitig an, jeder bekam von mir eine Blume und ging weiter. Es war gut erkennbar, mit wem ich noch eine offene Rechnung hatte. Es gab Menschen, die zuerst keine Blume bekamen, und es gab Menschen, bei denen ich anfing, sie mit Rosen, die ja bekanntlich Dornen haben, zu schlagen. Die Übung wiederholte ich so lange, bis ich in der Lage war, jedem zu verzeihen und ihm eine Blume der Verzeihung und Versöhnung zu geben.

Ich vergab mir auch selbst und ließ meine Vergangenheit los. Damit konnte ich auch die „Persönlichkeit" der Leidenden, von der mir zuvor nicht bewusst gewesen war, dass ich sie erschaffen hatte, liebevoll loslassen.

Der zweite Schritt meines Eigencoachings war, die Gegenwart zu akzeptieren und eine positive Zukunftsvision zu erarbeiten.

Ich schrieb drei Wünsche an eine gute Fee auf: Wie würde ich leben wollen, wenn ich gesund wäre? Schön an dieser Übung ist, dass man grenzenlos, ohne innere Blockaden denken kann, ganz nach dem Motto „Alles ist möglich".

Meine Wünsche waren: Erstens möchte ich Liebe – ich möchte lieben und geliebt werden und immer von lieben, netten Menschen umgeben sein. „All you need is love", wie schon die Beatles gesungen haben. Zweitens: Ich möchte etwas Sinnvolles tun – ich möchte den Menschen, die zu mir kommen, helfen können, ihre Lebensfreude zu finden. Und drittens: Ich möchte die Fähigkeit haben, einfach sagen zu können: „Es ist, wie es ist." Wenn etwas in meinem Leben nicht so läuft, wie ich es gerne hätte, möchte ich es einfach annehmen können, ohne Schmerz und Trauer und ohne, dass es mein Herz bricht.

Ich legte den Brief an die gute Fee ab und las ihn ein paar Tage später wieder. Diesmal mit anderen Augen. Und ich war, ehrlich gesagt, selber überrascht.

Ich stellte fest, dass ich mir den ersten Wunsch selbst erfüllen kann, indem ich mir Selbstachtung und Selbstliebe und anderen Mitgefühl und bedingungslose Liebe gebe. Ich treffe die Entscheidung über meine Beziehungen selbst. Ich kann Beziehungen meiden, die zu Machtkämpfen führen und die mit „Ich liebe dich nur dann, wenn …" zu beschreiben sind. Ich kann auch solche Beziehungen meiden, die zu einer endlosen Sehnsuchtsschleife oder zu permanenter Angst vor Ablehnung führen. Wenn mir aber jemand seine Achtung oder bedingungslose Liebe schenkt, nehme ich sie gerne an.

Die Erkenntnis, dass ich den zweiten Wunsch „etwas Sinnvolles zu tun" schon lebe – wenn auch manchmal nicht so intensiv wie ich es gerne hätte – hat mich mit Freude erfüllt. Ich habe einen

Beruf, der auch meine Berufung ist. Woran ich noch arbeite, ist, ein Gleichgewicht zwischen Demut und Würde zu finden. Und es einfach akzeptieren zu können, wenn ich jemandem nicht so helfen kann, wie ich es mir wünsche oder wenn jemand meine Unterstützung ablehnt.

Mein dritter Wunsch war, die Fähigkeit zu haben, annehmen zu können – auch Lebenssituationen, die nicht so verlaufen, wie ich es gerne hätte. Die Auseinandersetzung mit diesem Wunsch war für mich die größte Erkenntnis. Ich erkannte, dass ich, wenn ich die äußeren Umstände und Ereignisse, die mein Leben beeinflussen, nicht ändern kann, meinen Zugang zu diesen Ereignissen sehr wohl ändern kann. Ich habe die Wahl, wie ich bestimmte Lebenssituationen erlebe: Erschaffe ich in meinen Gedanken ein Drama und werde davon abhängig, oder lasse ich mein Drama los? Ich bin Herrin über meine Gedanken und Gefühle und nicht umgekehrt. Das heißt nicht, dass ich meine Gedanken und Gefühle nicht wahrnehme oder sie unterdrücke. Es heißt, dass ich mich zukünftig nicht in meinem Drama verlieren werde. Ich werde den bösen Wolf nicht füttern. Ich bin nicht Sklavin meiner Anhaftungen – Sehnsüchte, Begehren oder Abneigungen, Angstzustände, Beklemmungen –, sondern ich lasse sie los. Von nun an übernehme ich die Verantwortung für mein Wohlbefinden. Der letzte Schritt in meinem Eigencoaching war schließlich, konsequent auf mein Wohlbefinden und meine innere Harmonie zu achten.

Ich tat es und tue es immer noch, indem ich verschiedene Sachen unternehme. Ich mache lange Spaziergänge in der Natur, ich jogge, ich höre schöne Musik und ich übe mich in der Achtsamkeit nach Master Han Shan, der in seinem Buch „Das Geheimnis des Loslassens" die vier Elemente der Achtsamkeit, wie wir unserem Körper, unserer Grundstimmung, unseren Gefühlen und Gedanken Achtsamkeit schenken sollen, beschreibt. (Han Shan, 2011)

Während ich im Mai 2013 auf meine Untersuchungsergebnisse wartete, in den Tagen der Unsicherheit und des Eigencoachings, erinnerte ich mich an zwei kleine Episoden, die sich im Krankenhaus vor meiner Operation ereignet hatten.

Damals dachte ich, dass ich Gallensteine hätte, und vor der Operation sagte ich zu meinem Chirurgen: „Herr Doktor, ich habe all meinen Kummer, meine Sorgen und Ängste der letzten Jahre in diese Gallensteine gepresst, bitte nehmen Sie die raus, und nachher wird es mir nur gut gehen.“

Am Abend vor der Operation kam um 22:00 Uhr eine Krankenschwester zu mir, sie machte das Licht in meinem Zimmer aus und ließ mich in Stille, Dunkelheit und Angst vor dem nächsten Tag zurück. Ich fühlte mich isoliert, allein gelassen und abgeschnitten von der Außenwelt und hatte große Sehnsucht nach Normalität, nach einem Zeichen, dass es draußen eine gesunde und glückliche Welt gibt. Um 22:07 Uhr erhielt ich eine SMS. Jemand hatte einen Job bekommen, an mich gedacht, und seine Freude mit mir geteilt: „Liebe Agata, bin jetzt in Amt und Würden (…) ist eine Herausforderung und das gefällt mir (…)“ Da hatte ich mein Zeichen! Ich kann mich erinnern, dass ich vor meiner Operation mit einem Lächeln im Gesicht einschlafen konnte.

„Als ich einsam war, verlassen von allen,
Meine Seele begraben unter Hohn und Spott,
Leise und unerwartet
Umarmte mich Gott“ (Endre Ady)

Die Tage der Unsicherheit waren irgendwann vorbei und ich erfuhr, dass ich unglaubliches Glück gehabt hatte. Alles hatte entfernt werden können. Ich war gesund!

Ich hatte eine neue Chance bekommen, mein Leben mit Liebe, Lebensfreude und Vertrauen zu füllen und dafür bin ich unendlich dankbar.

Meine tiefste Dankbarkeit gilt auch den Ärzten und dem Personal im Krankenhaus, meinen Söhnen, meiner Familie und allen, die mich während dieser Zeit begleitet haben. Danke!

Fazit – Ein Leben voller Lebensfreude

„Das Geheimnis des Loslassens – Der Schlüssel zu wahrem Glück und innerem Wohlbefinden", ein Buch von Master Han Shan, hat mich besonders geprägt. Er erzählt in diesem Buch sein beeindruckendes Schicksal und beschreibt in einer einfachen und verständlichen Form den Leitfaden zur Übung der Achtsamkeit.

Leitfaden zur Übung der Achtsamkeit mit vier Punkten (In Anlehnung an Master Han Shan, 2011; 196–198):

- „Der Körper: Man sitzt aufrecht und schließt die Augen und atmet entspannt ein und aus. Als nächstes wandert man mit seiner Aufmerksamkeit durch den Körper, vom Kopf beginnend, hinab zu den Füßen und wieder zurück. Besondere Aufmerksamkeit schenkt man hierbei den Kontaktstellen des Körpers mit sich selbst und der Umgebung. Hier spüren wir uns am einfachsten. Wie liegen die Arme am Körper an? Wo berühren unsere Füße den Boden?

- Die Grundstimmung: Man richtet die Aufmerksamkeit auf den momentanen Gemütszustand. Um sich nicht in Gedanken zu verlieren, warum wir uns so fühlen, und um den Verstand nicht dazu anzuregen, seine Geschichten zu spinnen, notiert man im Geiste seine Grundstimmung mit einem einzigen Wort. Auf diese Weise beruhigt sich der Verstand: Man hat seiner Gefühlslage Aufmerksamkeit geschenkt.

- Die Gefühle: Man richtet die Achtsamkeit auf alle auftretenden Gefühle. Wer seinen Atem beobachtet, weiß, dass er vor dem Ein- wie auch dem Ausatmen eine kleine Pause macht. In diesen Millisekunden wird man nicht davongetragen mit dem Strömen des Atems, sondern ist achtsam im Augenblick. Man nimmt die Position des neutralen Beobachters ein. In der Rolle des Beobachters urteilen wir nicht darüber, was wir denken und fühlen, sondern betrachten das Entstehen eines Gedankens oder Gefühls. Man nimmt die auftretenden Gefühle mit neutraler Bestätigung des festgestellten Gefühls durch ein dreimaliges mentales Wiederholen „Fühlen, fühlen, fühlen" wahr.

- Die Gedanken: Man richtet die Achtsamkeit auf alle auftretenden Gedanken, danach folgt die neutrale Bestätigung des festgestellten Gedankens durch ein dreimaliges mentales Wiederholen „Denken, denken, denken.“

Mit Achtsamkeit aus dem Gefühlschaos:

- Die momentane Lebenssituation anzunehmen, ohne sie zu bewerten und, was noch sehr wichtig ist, Vertrauen in die Zukunft zu haben, erleichtert das Leben enorm. Als ich mich selbst und meine Lebenssituation angenommen habe und meinen Widerstand loslassen konnte, war ich entspannt und von der Ohnmacht befreit.
  Jedes Mal, wenn ich mich dabei erwischt habe, dass ich furchtvolle Gedanken hegte, habe ich sie aus der Perspektive eines neutralen Beobachters betrachtet. Ich habe mir gesagt „fühlen, fühlen, fühlen“ und es hat funktioniert: Die unglaublich große Gefühlswelle, die mich früher überwältigt hat, ist auf eine ganz kleine Wolke geschrumpft. Meine angsterfüllten Gedanken hatten keine Macht mehr über mich, weil ich mich mit ihnen nicht mehr identifizierte. Die Angst war nicht mehr lähmend, sondern ein neutral wahrgenommenes Gefühl.
  Es ist eine extrem große Hilfe, wenn man erkennt, dass man die eigenen Gedanken und Gefühle lenken kann, man ist von der lähmenden Ohnmacht befreit und dem eigenen Gedankenstrom nicht mehr hilflos ausgeliefert.
- Eine neue Erfahrung war für mich, auf meine Grundstimmung zu achten und meinem Körper Achtsamkeit zu schenken. Wenn man eine fröhliche und positive Grundstimmung hat und seinem Körper Achtsamkeit widmet, dann spürt man den Körper beim Ein- und Ausatmen oder bei Bewegung und Sport, und man fühlt sich automatisch lebendig. Das Gefühl der Lebendigkeit steigert die Lebensfreude, und wo Lebensfreude ist, hat Krankheit keinen Platz mehr.

COACHING-GESCHICHTEN ÜBER DEN ERFOLG

Der unsichtbare Weg

Eine authentische Geschichte aus meinem Coaching-Alltag. Alle Angaben sind so verändert, dass die Menschen nicht wiederzuerkennen sind und ihre Anonymität gewahrt bleibt.

Ein gemeinsamer Freund hat mir über Nora erzählt, die nach über dreißig Jahren ihre Firma – mit der sie emotional tief verbunden war – verlassen hat und die nun vor einer beruflichen Veränderung steht. Er hat sich sehr wertschätzend über seine eigene langjährige Zusammenarbeit mit Nora geäußert und ich habe spontan meine Dienste als Beraterin angeboten: als Coach und als Wegbegleiterin auf der Suche nach Noras neuen Möglichkeiten.

Als ich Nora an einem Sommernachmittag auf der Terrasse eines der schönsten Kaffeehäuser Wiens, umgeben von der historischen Kulisse der Wiener Innenstadt, treffe, ist mein erster Gedanke: „Es passt alles, das Wetter, die Umgebung und die Frau." Alles ist im Einklang. Nora beeindruckt mich mit Charme, guten Manieren und „Wiener Schmäh".

Nach der gegenseitigen Vorstellung schildert sie mir ihre berufliche Laufbahn: „Ich habe alles von der Pike auf gelernt, bis ich eines Tages ein Fünf-Sterne-Hotel geleitet habe und schließlich im Management einer internationalen Hotelkette tätig war. Nach über dreißig Jahren im Dienstleistungssektor, mehr als die Hälfte davon im Topmanagement, stehe ich jetzt vor neuen Herausforderungen."

Nora erzählt über die internationale Hotelkette, die ihr Hotel geschluckt hat. Und dass sie zuschauen musste, wie die Servicequalität ihres Hotels, etwas, worauf sie und ihre Kollegen so stolz waren, von Tag zu Tag ihre Einzigartigkeit und ihren Glanz verlor. Die neue Führung hatte kein Verständnis für die Firmenkultur und für die Werte, die für Nora so wichtig waren. Sie erzählt aber auch über die schönen Erlebnisse, die sie durch ihren Beruf erfahren durfte. Sie hat die Welt bereist und kennt die schönsten Hotels dieser Erde. Die Trennung von „ihrer Welt", mit der sie emotional immer noch sehr verbunden ist, ist ihr nicht leicht gefallen, aber sie hat diese Entscheidung getroffen und jetzt möchte sie als Beraterin und Trainerin ihre Erfahrungen weiter geben.

Ich sage zu Nora: „Sie können stolz auf Ihre Erfolge und dankbar für all Ihre Erfahrungen sein. Ihre Erfahrungen sind Ihr wahrer Reichtum."

„Wie würden Sie sich und Ihre Fähigkeiten mit einem Satz beschreiben?", frage ich sie.

Wie aus der Pistole geschossen kommt die prompte Antwort: „Ich bin ein Verkaufsgenie!"

Sie schaut mich offen und ehrlich an und ich erkenne, dass sie es tatsächlich so meint, es ist keine leere Phrase, sie ist davon überzeugt, dass es so ist.

Ich nicke und sage: „Mit dieser Überzeugung kann man sehr viel erreichen."

Wir verbleiben so, dass wir beide über Noras zukünftige Möglichkeiten nachdenken werden und vereinbaren den nächsten Termin.

Während ich über ein Grobkonzept für Nora nachdenke – über ihre Themen als Beraterin und ihre Zielgruppe – höre ich im Hintergrund ein Lied von ABBA und erwische mich dabei, wie ich mitsinge „The winner takes it all, the loser has to fall". Ich schmunzle und denke, dass Nora im beruflichen Kontext eindeutig „the winner" ist. Auch wenn sie fällt, steht sie auf und geht weiter. Sie ist ein selbstbewusster Mensch und aus der Überzeugung „Ich bin ein Verkaufsgenie" ergibt sich automatisch, dass ihr Business als Beraterin und Trainerin der Verkauf sein muss.

Als wir uns wieder treffen, besprechen wir ihr Grobkonzept und Nora ist begeistert: „Ganz toll! Dieses Konzept motiviert mich sehr." Sie zeigt ihre Freude, aber gleichzeitig auch ihre Zweifel und ihre Unsicherheit: „Ich habe mehrere Jahrzehnte in der Hotelbranche gearbeitet, dort habe ich mich sicher gefühlt. Außerdem habe ich immer in einem Team gearbeitet. Die Fragen, die bei mir auftauchen, sind: Komme ich als Trainerin zurecht? Kann ich überhaupt acht Stunden sprechen? Das alles verunsichert mich und deswegen schiebe ich meine neuen Aufgaben vor mir her. Ich habe das Gefühl, dass ich noch nicht so weit bin."

Die souveräne, selbstbewusste Nora ist weg, sie schaut mich an wie ein kleines Mädchen, das die Orientierung verloren hat.

Nach einer langen Pause fügt sie hinzu: „Ich stelle meine Identität als Trainerin infrage. Wenn ich auf meine Erfahrungen zurückblicke, fühle ich mich dagegen als Trainerin wie eine Anfängerin. Paradoxerweise vermisse ich auch die Struktur und die Vorschriften der alten Firma, obwohl ich sie damals als eng und beschränkend empfunden habe."

„Ich fasse das jetzt zusammen und wir schauen, ob ich alles richtig verstanden habe", sage ich und setze fort: „Sie suchen jetzt Antworten auf folgende Fragen:

Wie erschaffe ich als Selbstständige eine Struktur, die mir ein Gefühl der Sicherheit gibt?

Wie gehe ich damit um, dass ich allein und nicht mehr in ein Team integriert bin?

Wie kann ich meine Erfahrungen aus der Vergangenheit mitnehmen, in meine Zukunft integrieren und dadurch meine Identität als Trainerin stärken?"

„Ja, genau das sind meine Fragen", antwortet sie.

Vor meinem inneren Auge sehe ich ein Bild: Eine schöne Blumenwiese, in der Mitte steht Nora. Sie würde gerne laufen, aber sie weiß nicht, in welche Richtung. Ihr Weg ist nicht sichtbar. Wenn ihr jemand die Richtung zeigen würde, könnte sie mit Vollgas und mit Begeisterung laufen, aber da ist niemand, der ihr Orientierung gibt, sie ist allein und ihr fehlen die Koordinaten.

Ich sage zu Nora: „Am besten fangen wir mit der Struktur an. Wir stellen eine To-do-Liste zusammen und Sie können dann Schritt für Schritt eine Aufgabe nach der anderen erledigen."

„Angenehm ist am Gegenwärtigen die Tätigkeit, am Künftigen die Hoffnung und am Vergangenen die Erinnerung." Aristoteles

Nora hat eine lange Liste: Ein Seminarkonzept schreiben, ein Seminardesign ausarbeiten und eine Power-Point-Präsentation für das erste Seminar fertigstellen. Einen Designer für die Fertigstellung des Firmenlogos, der Visitenkarte und der Website beauftragen, den Text dafür muss sie selbst schreiben.

Zum nächsten Gespräch kommt sie mit einer dicken Mappe, voll mit Unterlagen, die sie schon geschrieben hat. Nora hat tolle Arbeit geleistet. Wir schauen gemeinsam ihr Seminardesign an, ergänzen die Übungen und stellen einen detaillierten Zeitplan für ein achtstündiges Seminar zusammen. Wir sind beide zufrieden mit den Ergebnissen, langsam kristallisiert sich eine Struktur heraus.

„Ich möchte mich als Trainerin ausprobieren, meinen Text laut sagen", ruft Nora voller Tatendrang.

Wir stellen zehn imaginäre Seminarteilnehmer auf und ich höre Nora aus der Position einer Teilnehmerin zu. Nora fängt an zu sprechen, aber ihre Stimme ist unsicher.

„Ich bin unsicher, ich mache das das erste Mal", sagt sie und bricht ab.

„Können Sie sich an eine ähnliche Situation in der Vergangenheit erinnern, wo Sie ein Bedürfnis nach Sicherheit und Orientierung hatten? Wie haben Sie das gelöst? Gab es jemanden, an den Sie sich wenden konnten?", frage ich Nora.

„Ja, es gab jemanden und ich vermisse ihn sehr", antwortet Nora, mit Tränen in Augen und erzählt über einen Kollegen, mit dem sie eng zusammengearbeitet hat. Sie sind viele Jahre gemeinsam durch dick und dünn gegangen. Er war für sie wesentlich mehr als ein Kollege, er war auch eine Vertrauensperson und ein guter Freund.

Ich sage: „Es ist schön, wenn man einen Felsen in der Brandung hat, aber der Kollege ist nicht mehr da und vielleicht ist der Zeitpunkt gekommen, Ihren Felsen loszulassen." Und füge hinzu: „Es ist Ihre Entscheidung, ob Sie Ihre berufliche Veränderung und die damit verbundene Unsicherheit als bedrohlich betrachten, oder ob Sie Ihre Ängste und Selbstzweifel loslassen und sich – wie Picasso so treffend formuliert hat – ‚im Ungewissen geborgen' fühlen."

Nora nickt und geht auf die Terrasse zum Rauchen.

Nach der Rauchpause setze ich fort: „Wenn es Ihnen hilft, können Sie den Kollegen in Ihren Gedanken zum Seminar mitnehmen. Sie können sich vorstellen, dass er neben Ihnen steht oder im Seminarraum sitzt. Und jedes Mal, wenn Sie sich unsicher fühlen, schauen Sie in seine Richtung.“

Nora sieht mich jetzt schon freundlicher an und wir vereinbaren den nächsten Termin.

Als sie wieder kommt, hält sie ihren Vortrag tadellos. Wenn sie über ihr Lieblingsthema „Verkauf“ spricht, erkenne ich den Profi. Sie spricht locker und entspannt, der theoretische Teil des Trainings ist verständlich, die Fallbeispiele und Übungen sind praxisbezogen und ihre Emotionen kommen durch Stimme und Körpersprache authentisch zum Ausdruck. Wo ich noch eine Unsicherheit wahrnehme, ist bei der Vorstellung ihrer eigenen Person.

Nora kämpft mit ihrer Identität als Trainerin und es tauchen bei ihr neue Zweifel auf. „Werden mich die Seminarteilnehmer akzeptieren?“, fragt sie.

„Wir finden die Menschen sympathisch, die uns auch sympathisch finden, und so ist es auch mit der Akzeptanz. Selbstverständlich gehört auch eine professionelle Vorbereitung zum Trainererfolg, aber wenn Sie den Seminarteilnehmern mit Akzeptanz und positiven Gefühlen begegnen, werden Sie auch Akzeptanz finden. Betreten Sie den Seminarraum mit Vorfreude“, ermutige ich Nora und schlage eine Übung vor. Chade-Meng Tan hat sie für die Mitarbeiter von Google entwickelt und in seinem Buch „Search Inside Yourself“ folgendermaßen beschrieben:

„Sobald geistige Ruhe eingekehrt ist, bitten Sie um ein Gefühl der Güte gegenüber sich selbst: Möge ich gesund sein. Möge ich glücklich sein. Möge ich frei sein von Leid. Bitten Sie nach einigen Minuten um ein Gefühl der Güte für einen Menschen, den Sie bereits mögen oder bewundern und bei dem es Ihnen leichtfällt, diese Dinge zu empfinden. Dadurch werden die positiven Gefühle gestärkt. Dehnen Sie dieses Gefühl zum Schluss auf alle Ihre zukünftigen Seminarteilnehmer und Kunden aus. Damit erschaffen Sie eine positive emotionale Verbindung.“ (in Anlehnung an Chade-Meng Tan, 2012; 238)

Nora zeigt keine große Begeisterung und sagt: „Solche Sachen funktionieren bei mir nicht, aber wir können es ausprobieren."

„Schließen Sie bitte Ihre Augen …", ich führe Nora in eine leichte Entspannung und bitte sie die Sätze, die ich sage, innerlich zu wiederholen. Nach der Übung öffnet sie die Augen und sagt: „Es ist mir nicht leicht gefallen, ich kann mich schwer entspannen."

Ich bitte Nora, ihre Schultern beim Einatmen hochzuziehen und anzuspannen und dann beim Ausatmen fallen zu lassen und zu entspannen. Und während sie ihre Schultern fallen lässt, sagt sie plötzlich: „Manchmal, wenn ich es schwer habe, fühle ich in mir ein kleines Licht und das hilft mir."

Wir bleiben beide ganz still. Woher kommt dieser Satz? Aus der Tiefe ihrer Seele? Ich weiß es nicht, aber eine Sache weiß ich und die sage ich auch: „Dieses Licht ist Ihre Ressource und Ihr Kompass, der Ihnen die Orientierung auf dem unsichtbaren Weg geben wird und jetzt sind Sie so weit, dass Sie Ihren Weg alleine gehen können."

„Ihr seid das Licht der Welt." Mt. 5, (14)

Nora lächelt mich zufrieden und entspannt an.

Zum Schluss mache ich noch eine Videoaufnahme über sie in ihrer Rolle als Trainerin. Während wir das Video analysieren, erkennt auch Nora, dass wir einer professionellen Trainerin zuschauen, die mit eleganter und leichter Selbstverständlichkeit die Erfahrungen einer langjährigen Karriere in ihre Trainingsinhalte einfließen lässt.

Ich hatte es schon lange erkannt. Meine Aufgabe war, Nora bis zu dieser Überzeugung zu begleiten.

Fazit – Mach das Beste daraus

Zukunftsangst und Selbstzweifel in Vertrauen und Selbstsicherheit zu transformieren ist eine der größten Herausforderungen bei der beruflichen Veränderung.

Mit Achtsamkeit aus dem Gefühlschaos:

- Berufliche Veränderung beginnt mit Prozessen des Abschieds und des Loslassens. Je länger Sie bei einer Firma tätig waren, desto stärker ist die Verbundenheit, schwieriger der Abschied und länger, schmerzvoller die Trauerphase. Sie verlassen Ihre Komfortzone, nehmen Abschied von Ihrer vertrauten Umgebung, interessanten Arbeitsinhalten und von Menschen, mit denen Sie sich verbunden fühlen und die Sie lieb gewonnen haben. Weinen oder Selbstmitleid ist in dieser Phase menschlich und hat mit Schwäche nichts zu tun. Trauern gehört zum Abschiednehmen.
- Nach der Trauerphase kommt die Übergangsphase. Fokussieren Sie Ihre Stärken und schreiben Sie eine Liste über Ihre Ressourcen und Fähigkeiten:
  - Welche Fachkompetenzen, Fähigkeiten und Erfahrungen haben Sie?
  - Was können Sie besonders gut?
  - Was machen Sie besonders gerne?
  - Sind Sie körperlich fit?
  - Haben Sie ein soziales Netzwerk, das Ihnen ein Gefühl der Sicherheit gibt?
- Lernen Sie, mit Achtsamkeit Ihre Zukunftsängste und Unsicherheiten objektiv zu betrachten. Lassen Sie sich nicht von Ihren Emotionen mitreißen und identifizieren Sie sich mit ihnen nicht. Nehmen Sie sie urteilsfrei, aus der Position des Beobachters, wahr.
  Wenn sich ein Gedanke wie z. B.: „Ich war in meinem alten Job eine Expertin und jetzt bin ich eine Anfängerin" meldet,

betrachten Sie ihn als das, was er ist, nämlich ein Gedanke, den Sie jederzeit loslassen können. Konstruieren Sie dazu keine Geschichte, verlieren Sie sich nicht in Ihrer Gedankenfalle.

- Die Amerikanerin Byron Katie empfiehlt in ihrem Buch „The Work", einen belastenden Gedanken mithilfe der folgenden Fragen zu prüfen:
    - „Ist es wahr?" (… was ich gerade denke)
    - „Kann ich wirklich wissen, dass das wahr ist?"
    - „Wie reagiere ich, wenn ich diesen Gedanken denke?"
    - „Wer wäre ich, wie ginge es mir ohne diese Überzeugung?"(Boerner, Byron Katie: The Work, 1999; 20–21)

Sie werden bald erkennen, dass es nur ein Gedanke ist, der Sie bremst. Lassen Sie Ihre Bremser los, erschaffen Sie neue Überzeugungen wie z. B.:

„Ich nehme alle meine Fähigkeiten, Ressourcen und Erfahrungen mit und mache das Beste daraus."

Nuss und Honig

Eine authentische Geschichte aus meinem Coaching-Alltag. Alle Angaben sind so verändert, dass die Menschen nicht wiederzuerkennen sind und ihre Anonymität gewahrt bleibt.

Eines Tages erhalte ich das folgende E-Mail von einer neuen Klientin namens Anna: „… Ich brauche Ihre professionelle Unterstützung. Vor neun Monaten habe ich meinen Job durch „Freistellung" verloren, seitdem zwölf Kilo zugenommen, und obwohl ich mich ständig bewerbe, finde ich keinen Job. Ich bin vierzig Jahre alt geworden, und das ist angeblich eine magische Grenze bei Frauen. Über vierzig sind sie für den Arbeitsmarkt schwer vermittelbar …"

Wir vereinbaren einen Termin und Anna kommt zwei Wochen später in mein Büro. Eine stilvoll gekleidete Frau mit hübschem Gesicht und ein bisschen molliger Figur. Während ich ihr zuhöre, fällt mit ihr offener, intelligenter Blick auf.

„Ich habe in der pharmazeutischen Industrie gearbeitet. Nach dem Studium habe ich sofort eine Stelle bekommen, dann war ich drei Jahre in Karenz. Der Wiedereinstieg in das Berufsleben ist mir reibungslos gelungen. Nach der Karenz war ich im operativen Bereich als Managerin tätig und dieser Job hat mich mit Freude erfüllt."

Während Anna von ihrem beruflichen Werdegang erzählt, merke ich, dass sie über ihr schönes Leben in der Vergangenheit spricht, so, als ob das „Schöne" endgültig vorbei wäre.

Ich frage mich: Wie soll ich es ihr verständlich machen, dass sie trotz Jobverlusts eine wunderbare Frau ist? Die Tatsache, dass sie gerade ihre Stelle verloren hat, mindert ihre Fähigkeiten und ihre jetzigen Erfolge überhaupt nicht.

Anna erzählt weiter: „Man begreift eine Kündigung nicht, man läuft wie benebelt durch die Gegend und fragt sich: Träume ich es nur? Solche Sachen passieren den anderen, aber nicht mir. Bin ich eine Versagerin? Bin ich gescheitert? Bin ich in einem falschen Film?"

„Sie sind keine Versagerin."

„Ich fühle mich aber wie eine", antwortet Anna mit Tränen in den Augen und setzt fort: „Ich sitze zu Hause, fühle mich wertlos, und um mich zu beruhigen, stopfe ich mich mit Essen voll. Ich esse Nüsse mit Honig."

Ich schaue Anna direkt in die Augen und sage: „Es hängt nur von Ihnen ab, ob Sie sich weiterhin wertlos fühlen. Ob Sie verkrampft, enttäuscht, eingeschüchtert bleiben und Ihren Schmerz mit Nuss und Honig betäuben oder ob Sie die Gegenwart akzeptieren und sich trotz allem die Entspannung und Lebensfreude erlauben."

„Lebensfreude? Ich weiß nicht, wann ich zuletzt so etwas gespürt habe", sagt Anna und erzählt, wie sie sechs Monate lang auf eine Stelle gewartet hat, bis schließlich eine Absage kam. „Als ich die Annonce in der Zeitung gelesen habe, habe ich mich sofort angesprochen gefühlt und gedacht, diese Stelle wurde für mich ausgeschrieben. Ich habe mich beworben, war von über zweihundert Bewerbern unter den letzten zwei und wurde Zweite. Diese Enttäuschung zu verarbeiten, war mindestens so schwierig wie die Kündigung. Und es ist nur eine von dutzenden Absagen, die ich erhalten habe."

Unsere Stunde ist um, aber bevor sie geht, bitte ich Anna, Ihrem Körper etwas Gutes zu tun. Sie verspricht mir, dass sie jeden Tag eine Stunde spazieren gehen wird. „Versuchen Sie, während dieser Stunde nicht zu grübeln, einfach nur ein- und auszuatmen und die Natur zu genießen", sage ich zu ihr und wir vereinbaren den nächsten Termin.

„Gib jedem Tag die Chance, der schönste deines Lebens zu werden."
Mark Twain

Als Anna wieder kommt, berichtet sie über ihre Spaziergänge, die sie genießt, aber sie berichtet auch über weitere Absagen, die sie in den letzten zwei Wochen erhalten hat.

„Ich frage mich, was mache ich falsch? Warum hat alles in meinem Leben vor meiner Kündigung funktioniert und tut es jetzt plötzlich nicht mehr? Habe ich mich verändert? Bin ich tatsächlich wertlos und eine Versagerin?"

„Vielleicht sind Sie an einem Wendepunkt in Ihrem Leben angekommen und vielleicht ist diese Veränderung eine Chance, Ihr Leben neu zu ordnen", antworte ich.

Anna reagiert nicht, sie ist in ihre Gedanken versunken. „Ich kann in letzter Zeit nicht mehr schlafen. Das Arbeitslosengeld bekomme ich noch weitere zwei Monate, und was werde ich dann tun? Ich bin Alleinerzieherin, ich trage die Verantwortung auch für meine neunjährige Tochter."

Ich versuche, Anna aus ihren Selbstzweifeln mit provokativem Coaching rauszuholen und sage: „Vielleicht sind Sie wirklich eine Versagerin und alle Ihre Erfolge waren nur ein Zufall."

Anna wirft mir einen Blick zu, der sagt: Für solche Spielchen bin ich zu intelligent, Sie müssen sich ein bisschen mehr anstrengen, wenn Sie sich mit mir unterhalten wollen.

Ich muss schmunzeln und denke, Anna ist toll, tief in ihrem Inneren weiß sie ganz genau, dass sie genügend Fähigkeiten und Ressourcen hat, aus dieser Lebenskrise herauszukommen. Sie findet nur den Zugang zu dieser Quelle nicht. Sie hat die Quelle mit ihrem Selbstzweifel zugemauert.

Ich sage zu ihr: „Bitte denken Sie über die Frage nach: Wollen Sie Ihre Energie weiterhin mit Selbstzweifeln und Zukunftsängsten verschwenden oder wollen Sie Ihre Fähigkeiten bewusst einsetzen?"

„Ein Sprichwort sagt: Wer auf dem Boden liegt, kann nicht mehr hinfallen. Ich möchte gerne aufstehen, weiß aber nicht wie", sagt Anna mit zitternder Stimme.

„Wir werden gemeinsam schauen, wie Sie aufstehen können. Die Tatsache, dass Sie an das Aufstehen denken, ist schon ein sehr großer Schritt nach vorne."

„Meine Oma hat immer gesagt: ‚Hinfallen, aufstehen, Krone richten, weiter gehen'", erinnert sich Anna, immer noch mit Tränen in den Augen, aber schon schmunzelnd. „Als Kind habe ich diesen Satz nie verstanden, aber jetzt hat er plötzlich eine Bedeutung."

„Ihre Oma war sicherlich eine sehr weise Frau", bemerke ich einfühlsam und denke, die Oma hat sich im richtigen Augenblick gemeldet. Anna hat sich jetzt, wo sie es am meistens braucht, an einen hilfreichen Glaubenssatz erinnert.

Ich bitte sie, mir die folgende Frage zu beantworten: „Angenommen, Sie würden in einer Welt leben, in der alles möglich ist, angenommen Sie würden sich wertvoll und frei von Zukunftsängsten fühlen, was würden Sie dann gerne tun?"

„Ich würde nicht mehr in der Pharmaindustrie arbeiten, ich würde etwas ganz anderes tun. Ich arbeite sehr gerne mit Menschen, kommuniziere und organisiere gerne und kann mich für schöne, sinnvolle Projekte begeistern." Anna strahlt und erzählt, dass eine Freundin von ihr ein Hotel geerbt hat und ihr eine Stelle in der Leitung des Hotels angeboten hat. Sie müsste dazu die Großstadt verlassen, aufs Land ziehen und ihr Leben völlig umkrempeln.

Ich höre Anna lange zu und sage dann: „Sie können weiterhin zittern, auf Absagen warten und sich wertlos fühlen, oder Sie ergreifen die Initiative und tun etwas, was Sie mit Freude erfüllt."

„Dazu gehört aber eine sehr große Portion Mut und Selbstbewusstsein", antwortet sie ganz leise.

„Ich habe ein Geschäft, wo Sie Mut und Selbstbewusstsein kaufen können, und ich gebe Ihnen 100 Kilo davon. Wäre es genug?", frage ich sie.

„Ja, ich denke schon", lacht Anna.

„Also, Sie haben jetzt genügend Mut und Selbstbewusstsein, was brauchen Sie noch?", frage ich weiter.

„Das kann man leider nicht kaufen", sagt Anna und setzt fort: „Ich kann so eine große Veränderung meinem Kind nicht antun. Meine Tochter müsste in eine neue Schule gehen und ihren Freundeskreis verlassen."

Ich erwidere: „Was ist gut daran, dass Sie Ihr Kind als Schutzschild oder als Ausrede benutzen, dass Sie freiwillig in eine Opferhaltung gehen?"

„Wow, das hat jetzt richtig wehgetan!", seufzt Anna.

„Haben Sie schon mit Ihrer Tochter über diese Möglichkeit gesprochen?"

„Nein, noch nicht. Aber ich werde es tun", antwortet Anna und wir vereinbaren den nächsten Termin.

Als sie wieder kommt, berichtet sie über die Diskussion mit ihrer Tochter. In einem offenen und ehrlichen Gespräch hat sie ihr erzählt, dass sie nur noch zwei Monate lang ihr Arbeitslosengeld bekommen wird und bis jetzt keine einzige Zusage auf ihre zahlreichen Bewerbungen in der Pharmaindustrie erhalten hat. Sie hat ihrer Tochter vom interessanten Angebot ihrer Freundin berichtet – ein Hotel, das die Freundin geerbt hat, gemeinsam zu führen – von ihrer momentan einzigen, realistischen Job-Möglichkeit.

„Ich bin sehr stolz auf meine Tochter. Sie hat mir ein grünes Licht gegeben. Wir haben gemeinsam die Entscheidung getroffen, für ein Probejahr aufs Land zu ziehen und das Jobangebot meiner Freundin anzunehmen", sagt Anna und fügt hinzu: „Diese Entscheidung ist mir nicht leicht gefallen. Ich habe ein lachendes und ein weinendes Auge dabei. Ein Auge weint, weil ich etwas, was ich sehr gerne gemacht habe, loslasse. Ich kehre der Pharmaindustrie den Rücken. Und das andere Auge lacht, weil ich etwas völlig Neues machen darf."

Ich begleite Anna die nächsten zwei Monate. Wir besprechen alle Details und sämtliche Vor- und Nachteile dieser Entscheidung, bis wir beide das Gefühl haben, jetzt ist Anna wirklich bereit, den neuen Schritt zu gehen.

Dann vereinbaren wir, weiterhin in Kontakt zu bleiben. Anna soll sich nur bei mir melden, wenn sie mich braucht.

Ein Jahr später erhalte ich das folgende E-Mail von Anna:

„Das erste Jahr ist vorbei und ich habe Ihnen versprochen, dass ich mich nach einem Jahr melden werde. Ich bin sehr glücklich, ich habe die beste Entscheidung meines Lebens getroffen und danke Ihnen nochmals ganz herzlich für Ihre Unterstützung bei dieser Entscheidungsfindung!"

Fazit – Erfolg mit Erfüllung

Die persönliche Komfortzone, das Umfeld, in dem wir uns sicher und wohl fühlen, zu verlassen, ist mit Überwindung und Anstrengung verbunden. Bei beruflicher Veränderung sehnen wir uns nach unserem alten, bekannten, „vorherigen" Leben, das wir kennen und das uns mit Sicherheit erfüllt. Eine neue Tätigkeit oder ein Lebensstil der außerhalb dieser Komfortzone ist, erfüllt uns mit Unsicherheit und Angst.

Mit Achtsamkeit aus dem Gefühlschaos:

- Es ist berechtigt, dass Sie verzweifelt und verletzt sind, wenn Ihr Arbeitsplatz gerade wegrationalisiert wurde. Sie vermissen Ihren alten, gut bekannten Lebensstil, der mit einer finanziellen Sicherheit verbunden war, und Ihre Tätigkeit, die Sie ohne Anstrengung ausüben konnten, wo alles einen automatischen Ablauf hatte.
- Ihre Sehnsucht nach Sicherheit ist verständlich, es ist auch verständlich, dass Sie sich erst in einem Schockzustand befinden. Es ist allerdings nicht verständlich, wenn Sie ewig in diesem Zustand verharren. „Sinnvoll ist die Trauer – eine regelrechte Depression dagegen nicht", schreibt Daniel Goleman, amerikanischer Psychologe. (Goleman, 2013; 96)
- Sie können sich weiterhin wertlos, kraftlos und verletzt fühlen, oder Sie akzeptieren die Gegenwart und überlegen Ihre Möglichkeiten.
- Ein neuer Lebensstil oder eine neue Tätigkeit, die sich außerhalb Ihrer Komfortzone befindet, ist mit geistiger oder körperlicher Überwindung verbunden und es gehört eine große Portion Mut dazu, diese Herausforderung anzugehen. Finden Sie die Antworten auf folgende Fragen, es wird Ihre Angst nehmen und Ihren Mut stärken.
  - Überlegen Sie, welche realen Jobmöglichkeiten Sie haben!
  - Wo können Sie etwas Positives bewirken?

- Welche Tätigkeit scheint aus Ihrer Sicht sinnvoll zu sein?
- Was würde Sie mit Freude erfüllen?

- Setzen Sie sich ein Ziel, das Sie motiviert. Allein schon der Gedanke an die Erreichung des Zieles soll Sie mit Freude, Stolz und innerer Zufriedenheit erfüllen. Ihre Vorfreude und Motivation, Ihr Ziel zu erreichen, wird Ihnen einen Schwung geben, um Ihre Verunsicherung und Mutlosigkeit zu besiegen. Wenn das Ziel zu groß ist, teilen Sie es in kleine, überschaubare Etappen auf und gehen Sie es Stück für Stück an.
- „Jedes Problem trägt ein Geschenk in der Hand", schreibt die Psychologin Eva Wlodarek in ihrem Buch „Mich übersieht keiner mehr" und setzt fort: „Tatsächlich zeigt sich, wenn wir uns Mühe machen, genau hinzuschauen, dass selbst in der ärgsten Krise ein positives Potenzial steckt. Auch wenn sie zunächst Angst macht und uns aus dem Gleichgewicht bringt, gibt sie uns die Gelegenheit, Neues über uns und das Leben zu erfahren und daran zu wachsen. Dafür gibt es sogar wissenschaftliche Beweise" und zitiert eine Forschungsarbeit, die der Journalist Robert Blondin im Auftrag des Kanadischen Rundfunks durchgeführt hat. Blondin führte weltweit Hunderte von Interviews über das „Glücklichsein" durch und machte eine erstaunliche Entdeckung: „Glücklich waren keineswegs die Menschen, bei denen alles im Leben glatt gelaufen war, die reich, schön, gesund oder berühmt waren. Nein, glücklich waren vor allem diejenigen, die Krisen erfolgreich überstanden hatten. Sie waren daran gewachsen und hatten Lebenserfahrung gewonnen. Und sie waren stolz auf sich, auf ihren Mut und ihr Durchhaltevermögen." (Wlodarek, 1998; 47)
- Sie werden sehen, das Verlassen Ihrer Komfortzone wird positive Folgen haben, die Steigerung Ihres Selbstvertrauens ist Ihnen gewiss.

Optimale Strukturen

Eine authentische Geschichte aus meinem Coaching-Alltag. Alle Angaben sind so verändert, dass die Menschen nicht wiederzuerkennen sind und ihre Anonymität gewahrt bleibt.

Eines Tages erhalte ich ein E-Mail. Ein internationales Unternehmen mit Zentrale in Belgien sucht einen Coach mit Erfahrung im Coaching international tätiger Führungskräfte. Sie sind im Internet auf mich aufmerksam geworden und bitten mich um ein Vorstellungsgespräch. Während dieses Gesprächs erfahre ich, dass eine Mitarbeiterin aus Russland die Leitung einer Abteilung in der Schweiz übernehmen soll. Sie heißt Irina und ihre Aufgabe würde mehrere Herausforderungen mit sich bringen:

Irina ist jung, knapp über dreißig Jahre, und konnte bisher keine Führungserfahrung sammeln.

Sie soll ein Team führen, das in der Mehrheit älter ist als sie und teilweise seit zehn oder zwanzig Jahren in der Firma tätig ist.

Es ist nicht vorhersehbar, wie groß die Vorurteile gegen eine junge Chefin aus Russland sind. Steht das Team der neuen Chefin mit Ablehnung gegenüber? Wird sie akzeptiert? Wird sie sich als Führungskraft durchsetzen können?

Ich bin sofort begeistert. Eine wunderschöne Aufgabe, die zugleich eine beachtliche Herausforderung sein würde. Die Entscheidung, mit welchem Coach sie zusammenarbeiten wolle, solle Irina selbst treffen. Und sie wählte mich!

Als ich Irina kennenlerne, verstehe ich, wieso sich die Firma trotz aller Herausforderungen für sie als Abteilungsleiterin entschieden hat. Sie ist eine große, schlanke Frau, die mich mit einem offenen und warmherzigen Lächeln begrüßt. Ich kann bei ihr keine Spur von Unsicherheit, Schüchternheit oder Selbstzweifel wahrnehmen. Personalabteilungen überall auf der Welt würden sie als „High Potential" bezeichnen.

Ich erkläre Irina, was Coaching ist und sage: „Beim Coaching handelt es sich um ein vertrauliches, freiwilliges Arbeiten unter vier Augen, bei dem es primär um das Erreichen Ihrer Ziele geht." Dann bitte ich sie, über sich selbst zu erzählen. Ich versuche eine Brücke des Vertrauens zwischen uns aufzubauen.

„Ich habe in Moskau Wirtschaft studiert und war mit dreiundzwanzig Jahren mit dem Studium fertig. Danach habe ich ein paar Jahre in Russland gearbeitet, dann wurde ich in die Zentrale in Belgien geholt und jetzt habe ich eine neue Aufgabe in der Schweiz bekommen." Sie erzählt mit russischem Akzent, aber in gut verständlichem Deutsch.

Welche Sprachen sprechen Sie?

„Ich spreche Russisch, Englisch, Deutsch und Französisch", antwortet sie, als wäre das die selbstverständlichste Sache der Welt.

Dann erzählt sie über ihre Familie, ihre Eltern und Großeltern, über Freunde in Moskau und schließlich über die Kollegen. Ich erkenne die „Slawische Seele", die sehr beziehungsorientiert ist. Irina beschreibt ihr Leben weniger mit Daten und Fakten, sie versucht, ihr Leben durch ihre Beziehungen zu den Menschen ihrer Umgebung zu beschreiben.

Sie erzählt auch über die Herausforderungen, die jeder Expatriate kennt: Alte Wohnung kündigen, neue Wohnung finden, Umzug organisieren, Behördenwege erledigen und den Alltag in einer fremden Stadt, ohne Bekannte oder Verwandte, meistern. Sie vermisst ihre Freunde, die Zusammengehörigkeit, Sicherheit und Geborgenheit, die ein Freundeskreis bietet.

Ihre Anfänge als Abteilungsleiterin verlaufen nicht reibungslos, aber sie kniet sich rein, arbeitet zehn bis zwölf Stunden täglich. Sie meistert alle Herausforderungen und wird gut akzeptiert. In dieser Zeit begleite ich sie als Coach und bin sehr zufrieden mit unseren Ergebnissen.

Bis zu dem Zeitpunkt, als sie mir mitteilt, dass die Firma eine neue Führung bekommen hat, die Umstrukturierungen plant.

„Alles ändert sich." Publius Ovidius Naso

Ich höre einer ziemlich ratlosen Irina zu: „Ich habe heute zwei Anrufe bekommen. Der erste Anruf war von meiner Immobilienmaklerin, die mir mitgeteilt hat, dass es ihr endlich gelungen ist, einen Mieter für meine alte Wohnung in Belgien zu finden. Ich habe den Mietvertrag mit großer Freude gekündigt. Eine halbe Stunde später hat mich mein Vorgesetzter angerufen, dass ich im Rahmen der Umstrukturierung einen neuen Aufgabenbereich in Belgien übernehmen soll. Das heißt für mich, dass ich nach nur acht Monaten die Schweiz verlassen muss. Ich dachte, ich bleibe hier ein paar Jahre. Außerdem habe ich keine genaue Stellenbeschreibung erhalten und weiß nicht genau, was auf mich zukommt. Ich soll zukünftig für mehrere Länder als Führungskraft zuständig sein, mehr weiß ich nicht."

Ich denke manchmal, dass ich als Coach schon alles gehört und erlebt habe, mich überrascht selten etwas. Aber jetzt bin ich sprachlos. Das Unternehmen verlangt von seiner Mitarbeiterin eine enorme Flexibilität.

Wir sprechen über die Möglichkeiten, die Irina hat, und sie entscheidet sich schweren Herzens für den Umzug. Als sie sich in Belgien eingelebt hat, meldet sie sich wieder bei mir und bittet mich um weitere Zusammenarbeit.

Ich freue mich auf die strahlende und energiegeladene Irina, die ich kenne, aber es kommt anders.

Ich treffe eine Frau, die mir mit leiser, kraftloser Stimme erzählt: „Was mich am meisten belastet, ist die Stimmung in der Firma. Die Umstrukturierung dauert schon Monate. Alle sind unsicher, haben große Zukunftsängste und das innere Gleichgewicht verloren. Früher war da eine Strategie und wir wussten, wer für was zuständig ist. Aber jetzt? Meine Mitarbeiterinnen und Mitarbeiter fragen mich jeden Tag, wie es weitergehen soll, und ich habe keine Antwort für sie, weil ich es selber nicht weiß. Schon beim Betreten des Firmengebäudes spüre ich die negative Spannung in der Luft. Manchmal denke ich, dass ich überflüssig bin, die Maschinerie würde auch ohne mich funktionieren, niemand würde merken, dass ich nicht da bin."

Ich fasse alles zusammen, um zu sehen, ob ich alles richtig verstanden habe: „Es sind zwei Themen, die Sie belasten: erstens die Stimmung in der Firma und zweitens, dass Sie eine Aufgabe vermissen, die Sie sinnvoll finden, die Sie mit Freude erfüllt."

„Ja genau", antwortet Irina.

Ich nicke und sage: „Menschen mit emotionaler Intelligenz und hoher Empathie spüren Spannungen, sie können von der Empfindung eines anderen beeinflusst werden und haben die Fähigkeit, die Situation des anderen zu verstehen, eine emotionale Resonanz zu entwickeln und mitzufühlen.

Jeder von uns weiß, dass Lachen, Weinen oder Gähnen ansteckt. Unsere Spiegelneuronen sorgen dafür, dass wir das Gleiche empfinden können wie Menschen, die uns umgeben. Forscher bestätigen, dass wir auch Gefühle wie Freude oder Schmerz spiegeln können. Wenn hier in der Firma mehrere hundert Menschen angsterfüllte Gedanken haben, hat das auch auf Sie eine starke Wirkung.

Die Gedanken Ihrer Kolleginnen und Kollegen können Sie nicht ändern, Sie können aber Verständnis und Mitgefühl zeigen. Und was noch viel wichtiger ist, Sie können Ihren Zugang zu diesem Problem ändern. Sie können dafür sorgen, dass Sie trotz allem ausgeglichen sind und sich wohl fühlen."

„Auf Englisch sagt man: Love it, change it oder leave it – wie sehen Sie sich, in welcher Phase befinden Sie sich?", frage ich Irina.

Dass sie momentan die Zustände in der Firma nicht liebt, ist mir klar. Aber will sie die Firma verlassen oder befindet sie sich in einer Veränderungsphase?

Irina antwortet mir: „Change it, ich möchte die Zustände in der Firma verändern, vielleicht auch mein Leben verändern, weiß aber nicht, ob ich dazu genug Kraft habe. Ich möchte mich momentan am liebsten unsichtbar machen. Aber ich kenne diesen Zustand bei mir. Er geht nach einer gewissen Zeit vorbei und dann kommt meine Energie wieder zurück."

„Alles klar Irina, dann gehen wir es an: ,Be the change you want to see in the world' sagte Gandhi", ermutige ich sie. „Ihre Aufgabe ist es, dafür zu sorgen, dass Sie glücklich und zufrieden sind. Stellen Sie sich ein Gefäß vor – es ist voll und lässt keinen

Platz für etwas anderes. Genau so ist es auch mit Ihnen. Sorgen sie dafür, dass Ihr Leben mit Zufriedenheit erfüllt ist, und lassen Sie keinen Platz für die Unzufriedenheit."

Irina steht auf, holt ein kleines Notizbuch und notiert etwas.

Wir erarbeiten gemeinsam, wie sie ihr Leben mit Zufriedenheit und Glück erfüllen kann.

Es entsteht eine Liste:

Den Körper fit halten, am besten mit Ballett.

Skifahren und Fahrradfahren, am liebsten mit Gesellschaft.

Aus dem Alltag aussteigen, Urlaub und Reisen planen und dann auch realisieren.

Alles was mit Musik zu tun hat, erfreut ihre Seele – singen, tanzen und Musik hören.

Intensiven Kontakt zu ihren Freunden und zu ihrer Familie pflegen.

Liebe und Zärtlichkeit geben und annehmen.

Bewusst auf Gedanken achten. Ich schlage vor, die Autofahrt in die Firma zu nutzen und zu überlegen: Worauf freue ich mich heute? Das gleiche Ritual kann sie auch am Abend auf dem Heimweg wiederholen: Was hat mich heute mit Freude erfüllt? Wofür bin ich heute dankbar?

Menschen, Gespräche und Situationen, die ihre Stimmung runterziehen, meiden, gemäß dem Motto „genug gejammert".

Einen imaginären Schutzschild bauen, der sie vor negativer Spannung schützt.

Bilder oder Gegenstände, die sie mit Freude erfüllen, auf ihren Schreibtisch stellen.

Öfter am Tag eine kurze Atemübung einbauen. Ruhe, Zufriedenheit und Gelassenheit einatmen, Spannung und Unzufriedenheit ausatmen.

Ich sage zu Irina: „Jetzt sollten wir uns nur auf Ihre Arbeit konzentrieren: Was würde Sie mit Freude erfüllen, welche Tätigkeit würden Sie sinnvoll finden?"

Die alte Irina mit ihrem offenen und warmherzigen Lächeln ist wieder da: „Ich möchte die Möglichkeit haben, optimale Strukturen zu bauen. Optimale und lebensfähige Strukturen!"

„Ja, ich verstehe", sage ich und höre Irina zu, wie sie strahlend über eine Möglichkeit berichtet, über eine Stelle innerhalb des Unternehmens, die sie gerne annehmen würde und wo sie wesentlich mehr Entscheidungsfreiheit hätte als jetzt.

„Großartig", denke ich, „das ist es". Und sage „Haben Sie schon daran gedacht sich zu bewerben? Was können Sie verlieren? Sie können nur gewinnen."

„Ja!", antwortet sie lachend, „ich werde mich bewerben."

Meine Zeit ist um, ich verabschiede mich von Irina und wir vereinbaren, dass wir weiterhin in Kontakt bleiben.

Auf dem Weg zurück nach Wien habe ich im Flugzeug genug Zeit nachzudenken und resümiere: Ich würde mich für Irina sehr freuen, wenn sie die neue Stelle bekäme und diese sie mit Zufriedenheit erfüllen würde.

Aber ich wäre auch überhaupt nicht überrascht, wenn ich nach ein paar Monaten ein E-Mail erhielte, dass Irina in Singapur oder vielleicht in Südamerika ein Start-up gegründet hätte: Um die Möglichkeit zu haben „optimale und lebensfähige Strukturen" zu bauen.

Fazit – Eine glückliche Stimmung als Strategie

Unsicherheit am Arbeitsplatz und angsterfüllte Gedanken der Kollegen haben eine starke Wirkung auf unser Wohlbefinden. Um uns nicht von einer belastenden, sorgenvollen Gefühlswelt mitreißen zu lassen, brauchen wir Strategien, um uns in „eine glücklichere Stimmung zu bringen".

Mit Achtsamkeit aus dem Gefühlschaos:

- Eine empfehlenswerte Übung ist das bewusste Atmen. Der Vorteil dieser Methode ist, dass Sie sie überall und zu jeder Tageszeit üben können. Während Sie ein- und ausatmen, wiederholen Sie innerlich die folgenden Sätze:
  „Beim Einatmen schenke ich meinem Körper Ruhe.
  Beim Ausatmen lächle ich."
  (Thich Nhat Hanh, 2007; 22)
- Achten Sie bewusst auf Ihr Wohlbefinden, bringen Sie sich in eine glücklichere Stimmung.
  Überlegen Sie:
  - Wo können Sie Energie auftanken?
  - Wo fühlen Sie sich wohl?
  - Wer bringt Sie zum Lachen?
  - Wie können Sie sich entspannen?
- „Was pflegen Sie jeweils zu tun, um sich in eine glücklichere Stimmung zu bringen?", hat Prof. Dr. Anton A. Bucher, Autor des Buches „Psychologie des Glücks", in seiner Studie 227 Männer und Frauen gefragt. Das Ergebnis seiner Befragung „Die Strategien, um glücklicher zu werden" sind die folgenden: „Freunde, Gespräche, Sport, Musik, in die Natur gehen, Literatur, Familie, passive Entspannung, sinnlicher Genuss, Spirituelles, Kulturelles" (Bucher, 2009; 174, 8.1.)
- In seinem Buch zitiert Bucher eine weitere Studie von Fordyce „Die vierzehn Glückselemente" – die aus glückspsychologischer Forschung abgeleitet sind:

- „Sei aktiver und stets beschäftigt"
- „Verbringe mehr Zeit in guter Gesellschaft"
- „Sei in sinnvoller Arbeit produktiv"
- „Sei gut organisiert und plane wohldurchdacht"
- „Beende die Besorgnis"
- „Reduziere deine Erwartungen und Aspirationen"
- „Entwickle optimistisches, positives Denken"
- „Sei im Hier und Jetzt"
- „Arbeite an einer gesunden Persönlichkeit"
- „Entwickle eine aufgeschlossene und soziale Persönlichkeit"
- „Sei du selber"
- „Eliminiere negative Gefühle"
- „Enge Beziehungen sind das Wichtigste"
- „VALHAP: value happiness." „Glücklichere Personen würden Glück mehr wertschätzen und höher gewichten als die Durchschnittsbevölkerung" (Fordyce, 2000) (In Anlehnung an Bucher, 2009; 178–179)
- Stellen Sie Ihre eigene Liste zusammen: „Was pflegen Sie jeweils zu tun, um sich in eine glücklichere Stimmung zu bringen?" und tun Sie das.

„An sich ist nichts weder gut noch böse,
das Denken macht es erst dazu."
William Shakespeare

Multikulti Chefsessel

Eine authentische Geschichte aus meinem Coaching-Alltag. Alle Angaben sind so verändert, dass die Menschen nicht wiederzuerkennen sind und ihre Anonymität gewahrt bleibt.

In der hektischen Vorweihnachtszeit ruft mich ein Klient an. Er heißt Michael und braucht dringend einen Coaching-Termin. Mein erster Gedanke ist: Bitte nicht vor Weihnachten, mein Terminkalender ist voll und meine To-do-Liste bereits viel zu lang. Michael ist aber sehr entschlossen und ich spüre große Unruhe in seiner Stimme. Ich kann nicht anders, sage ja und wir vereinbaren einen Termin. Ein paar Tage später sitzt er schon in meinem Büro.

Michael ist ein junger Mann Mitte dreißig, er wirkt auf mich verspannt und ungeduldig. Nach der Begrüßung erzählt er, ohne auf eine Frage zu warten, dass er vor einer Beförderung steht. Die Geschäftsführung hat ihm eine neue Stelle angeboten, und zwar die Leitung einer Tochterfirma im Ausland.

„Was meinen Sie?", fragt mich Michael. „Will mich die Geschäftsführung loswerden?"

„Was ich denke, ist irrelevant, aber aus Erfahrung kann ich Ihnen sagen, dass eine Beförderung meistens eine positive und wertschätzende Nachricht ist", antworte ich.

„Warum ist diese Beförderung so verwirrend für Sie?", stelle ich die Frage an Michael zurück und denke, er ist nicht mein erster Klient, den eine unerwartete, positive Nachricht aus der Bahn wirft und der darauf mit Misstrauen und Verunsicherung reagiert.

„Diese Nachricht bringt mein Leben durcheinander und kommt sehr überraschend. Ich bin in der IT-Branche für eine amerikanische Firma tätig. Unsere Europa-Zentrale ist in Österreich und ich soll jetzt für zwei Jahre nach Tschechien übersiedeln und dort die Geschäftsführung übernehmen. Bis Mitte Jänner soll ich eine Entscheidung treffen, deswegen wollte ich unbedingt noch vor Weihnachten mit Ihnen sprechen", erzählt Michael.

„Alles klar", antworte ich und stelle meine nächste Frage: „Was spricht dafür, dass Sie diese Stelle annehmen?"

Michael lehnt sich mit überkreuzten Armen in seinen Sessel zurück. Sein Blick ist nach oben, Richtung Decke gerichtet und ich merke, dass er tief in seine Gedanken versinkt und seine Gesichtszüge sich entspannen.

„Ich könnte Menschen motivieren, etwas zu bewegen, zu gestalten, zu verbessern. Das war schon immer mein Traum." Plötzlich sieht er mich wieder an und es bricht aus ihm heraus: „Aber muss es unbedingt ein Multikulti-Chefsessel sein? Warum muss mein Leben so kompliziert sein? Wieso kann meine Karriere nicht normal verlaufen?"

„Wie würden Sie normal definieren?" stelle ich die Frage an ihn zurück.

Michael antwortet nicht, er schüttelt ratlos den Kopf und sagt: „Die Firma in Tschechien hat dreißig Mitarbeiter. Es sind hauptsächlich Tschechen. Von den drei Abteilungsleitern ist einer Tscheche, ein anderer Kroate und der dritte Deutscher. Meine Aufgabe wäre es, die Firma neu zu strukturieren und einem Abteilungsleiter zu kündigen. Angenommen, ich nehme die Stelle an, ich wüsste wirklich nicht, wen ich behalten oder kündigen sollte, obwohl ich sie alle drei gut kenne. Ich hatte schon die Möglichkeit, mit ihnen zusammenzuarbeiten."

Ich sage: „Versuchen Sie zuerst, unabhängig von den kulturellen Unterschieden, sich auf die Gemeinsamkeiten zu fokussieren. Was verbindet Sie mit diesen Menschen? Würden Sie sich in diesem Team wohlfühlen? Reizt Sie die Aufgabe, etwas Neues zu gestalten?"

„Am besten machen wir eine kleine Aufstellung, Sie können sich dann besser in die Situation einfühlen", schlage ich vor und hole meinen Karton, der gefüllt ist mit verschiedenen Steinen, die ich seit Jahren sammle. Ich kippe die ganze Steinsammlung auf den Tisch und bitte Michael, einen Stein für sich und jeweils einen für die drei Abteilungsleiter zu finden und als Repräsentanten aufzustellen.

Michael schaut die Steine mit größter Sorgfalt an. Ich bin daran gewöhnt, dass meine Klienten und Klientinnen viel Zeit brauchen, bis sie den „richtigen" Stein finden. Jeder Kratzer, die unterschiedlichen Farben und Formen der Steine werden gedeutet. Michael erinnern manche Steine an Tiere. Die Steine mutieren für ihn zu Tierskulpturen, mit den für das jeweilige Tier charakteristischen Eigenschaften.

Plötzlich sagt er lachend: „Das bin ich, ein Stier. Es ist ganz klar." Er stellt einen schönen glatten Stein, der vorne zwei Beulen hat, die wie Hörner wirken, in die Mitte des Tisches.

„Wie würden Sie Ihre Eigenschaften beschreiben?", frage ich.

„Ausdauer, Durchsetzungsvermögen, Geduld, Gelassenheit, aber auch Kraft und Loyalität", antwortet Michael und sucht nach drei weiteren Steinen, die er als Vertreter für die drei Abteilungsleiter aufstellt.

Michael nimmt einen großen, gelbbraunen Stein und sagt: „Ich fange mit dem ältesten der drei Abteilungsleiter an. Er ist für mich wie ein Löwe. Er hat ein sehr selbstbewusstes Auftreten und strahlt Autorität, Kraft und Macht aus. Er übernimmt auch die Verantwortung für sein Team, dem würde ich am meisten vertrauen.

Der nächste Abteilungsleiter ist ganz anders, er ist jünger und wesentlich dynamischer und impulsiver. Er ist sprunghaft, ja das ist es", nickt Michael und stellt einen schwarzen Stein als Pferd neben den Stier und den Löwen auf den Tisch. So, dass jetzt alle drei Tiere ein Dreieck bilden.

„Jetzt brauche ich noch einen Repräsentanten für den dritten Abteilungsleiter." Michael sucht lange, er nimmt jeden Stein einzeln in die Hand, überlegt und stellt ihn wieder auf den Tisch. „Sehr schwierig, ich finde keinen passenden Stein. Ich würde diesen Kollegen als bescheiden beschreiben. Manchmal wirkt er auf mich unentschlossen." Nach langem Suchen wählt er schließlich einen winzig kleinen, grauen Stein als Maus und stellt die kleine Maus weit weg von den drei mächtigen großen Tieren – dem Stier, dem Löwen und dem Pferd gegenüber.

Nun, ein Bild sagt mehr als tausend Worte. Die Maus wirkt auf mich eher als Beobachterin der drei anderen Tiere. Sie ist nicht in die Gruppe integriert. Ich frage mich, wie sich die kleine Maus in dieser Runde fühlt? Wie fühlen sich die anderen, wenn sie mit ihr zusammen arbeiten? Bremsen sie sich gegenseitig oder ergänzen sie sich? Mein Kopf ist voll mit Fragen. Ganz anders Michael, er begutachtet sein Werk mit großer Zufriedenheit und lehnt sich entspannt und zufrieden zurück.

„Bitte berühren Sie mit dem Finger den Stier und stellen Sie sich vor, Sie sind es, der dort in der Mitte des Teams steht. Wie fühlt sich das an?", frage ich.

Michael tut, was ich sage. „Es ist wirklich cool, ein ganz tolles Gefühl. Ich fühle mich kräftig wie ein Stier! Rechts von mir steht ein Löwe und links ein Pferd und ich spüre eine unglaublich starke, gebundene Kraft und Dynamik. Geil!", sagt Michael lachend.

„Freut mich, dass Sie sich wohl fühlen, genießen Sie dieses Gefühl", sage ich und nach einer kurzen Pause frage ich ihn: „Was ist mit der Maus? Sie haben die Maus nicht erwähnt?"

„Die Maus? Sie ist mir nicht aufgefallen", ist Michaels pragmatische Antwort.

Ich lasse diesen Satz so stehen und setze fort: „Multikulturelle Teams können dann effizient arbeiten, wenn Sie ein gemeinsames Ziel haben, einen Konsens für die Zusammenarbeit finden und wenn es ihnen gelingt, ein Wir-Gefühl zu entwickeln. Zum Beispiel ein „Wir" als Balletttruppe der Wiener Staatsoper oder ein „Wir" als Fußballmannschaft. Wenn Sie jetzt an Ihr zukünftiges Team denken, was fällt Ihnen dazu ein?"

„Das Ziel und der Konsens unserer Zusammenarbeit sind definiert. Die Herausforderung sehe ich darin, ein Wir-Gefühl zu entwickeln", antwortet Michael. Er versinkt kurz in seinen Gedanken: „Ehrlich gesagt, es fällt mir momentan schwer, so ein Wir-Gefühl zu entwickeln."

„Versuchen Sie es bitte trotzdem. Was verbindet Sie mit diesen Kollegen?"

Michael antwortet lachend: „Mir fällt dazu etwas ein. Wir, damit meine ich uns Europäer, haben regelmäßig Video-Konferenzen mit unseren amerikanischen Kollegen. Es passiert auch oft, dass ein Kollege oder Vorgesetzter sich in Asien befindet. Durch die Zeitverschiebung ergibt es sich dann, dass wir uns mit „Guten Morgen“, „Guten Tag“ und „Guten Abend“ begrüßen. Also, wir Europäer sind die „Guten-Tag“-Sager.“

„Das ist schon einmal ein netter Anfang“, antworte ich. „Welche Gemeinsamkeiten haben sie noch?“

„Also gut, wir sind alle Europäer, wir arbeiten in der EDV-Branche, wir haben alle ein ausgeprägtes logisch-analytisches Denken, gewissermaßen sind wir alle IT-Freaks. Wir denken schnell, begreifen schnell, kommunizieren wenig.“

„Besser hätte ich es auch nicht sagen können“, erwidere ich lachend.

Unsere Zeit ist um, ich fotografiere die Aufstellung für Michael und wir vereinbaren den nächsten Termin.

Michael bekommt von mir zwei Hausaufgaben:

Er soll die Möglichkeit, nach Prag umzuziehen, unbedingt mit seiner Frau besprechen. Am besten sollen sie einen gemeinsamen Ausflug nach Prag machen.

Um neue Impulse als zukünftige Führungskraft zu bekommen, empfehle ich ihm, einen Vortrag von Guy Kawasaki, der mit Steve Jobs zusammengearbeitet hat, anzuhören. Der Vortrag heißt „12 Lessons Steve Jobs taught“ und ist auf YouTube zu finden.

Als Michael wieder kommt, berichtet er mit Begeisterung, dass der Ausflug nach Prag ein voller Erfolg war. Er hat die Firma in Prag besucht und hatte Gelegenheit, mit jedem Abteilungs-leiter ein Gespräch zu führen.

Seine Frau hat die Stadt ins Herz geschlossen und hätte nichts gegen einen Umzug. Sie ist derzeit in der Karenz und bereit, für zwei Jahre umzusiedeln.

„Ich freue mich sehr, dass meine Frau mich unterstützt“, sagt Michael und fügt hinzu: „Ich habe während der Feiertage viel nachgedacht und sehe immer klarer. Die Aufgabe reizt mich und die Vorstellung, mit dem Multikulti-Team zu arbeiten, erfüllt mich nicht mehr mit Unsicherheit, sondern mit Neugier und vielleicht auch mit Vorfreude."

„Das ist eine tolle Entwicklung", rufe ich begeistert.

„Ich habe auch den Vortrag von Guy Kawasaki angehört. Am besten hat mir der Teil gefallen, wo er sagt: „A-players hire A-players and B-players hire C-players." Das hat mich zum Nachdenken gebracht. Bin ich ein A-player oder ein B-player?", fragt mich Michael.

„Das entscheiden Sie in Ihrem Kopf. Wenn Sie sich als A-player fühlen und danach handeln, dann sind Sie bereits einer oder werden sich mit der Zeit zum A-player entwickeln."

„Wenn ich ein A-player bin, dann brauche ich ein Team, das in der gleichen Liga spielt wie ich. Die Teammitglieder sollen mindestens so gut sein wie ich oder sogar besser, nach Steve Jobs Theorie."

Michael begutachtet sorgfältig das Foto seiner Aufstellung und murmelt ganz leise: „Die kleine Maus passt nicht in diese Runde."

Wir sind beide ganz still. Ich sage nichts, gebe Michael Zeit, seine Gedanken zu ordnen.

Er lehnt sich zurück und nach ein paar Minuten sagt er: „Meine Entscheidung ist gefallen, ich werde den Job annehmen, übersiedle nach Prag und freue mich auf die Zusammenarbeit mit dem Löwen und dem Pferd. Der Wackelkandidat aus heutiger Sicht ist die Maus, aber die endgültige Entscheidung werde ich während der Zusammenarbeit treffen."

Ich beobachte Michael, wie er sich ganz entspannt, und frage ihn: „Wie fühlen Sie sich jetzt?"

„Toll, die Unsicherheit ist weg und ich spüre jetzt eine freudige Neugier."

Wir schauen uns lächelnd an und es bleibt mir nichts übrig, als zu sagen: „Ich wünsche Ihnen viel Erfolg mit Ihren neuen Kollegen und eine schöne Zeit in Prag."

Wir verabschieden uns nicht, ich begleite Michael weiter mit dem Ziel, seine interkulturelle Kompetenz zu steigern.

Fazit – Gemeinsamkeiten verbinden

Eine fremdkulturelle Umgebung erfüllt uns meistens mit Verunsicherung. Daher ist die interkulturelle Kompetenz eine der wichtigsten Fähigkeiten im internationalen Umfeld. Dabei geht es um die Fähigkeit, einen beidseitig zufriedenstellenden Umgang mit Menschen aus anderen Kulturen zu erreichen und die Andersartigkeit der Kollegen nicht als Bedrohung, sondern als Bereicherung zu betrachten.

Mit Achtsamkeit aus dem Gefühlschaos:

- Unabhängig davon, ob Sie ein Angebot im In- oder im Ausland bekommen haben: Führen Sie sich durch Ihre Ängste und Verunsicherungen nicht in eine Gedankenfalle!
- Stellen Sie sich die folgenden Fragen:
  - Reizt mich diese Aufgabe?
  - Erfüllt es mich mit Vorfreude, wenn ich daran denke?
  - Kann ich in diesem Job etwas bewirken?
  - Kann ich meine Fähigkeiten und Kompetenzen erweitern?
- Wenn Sie sich für eine Tätigkeit im internationalen Umfeld oder mit einem multikulturellen Team entscheiden, achten Sie auf die Unterschiede und Gemeinsamkeiten der Teammitglieder. „Durch Betonung der Gemeinsamkeiten entsteht ein Zusammengehörigkeitsgefühl und Intimität.
  Durch Tolerieren der Unterschiede wird die individuelle Identität geachtet und auf die Andersartigkeit und die damit verbundenen Probleme eingegangen", schreibt Dr. Astrid Podsiadlowski. (Podsiadlowski, 2004; 53)
- Bauen Sie eine Brücke des Vertrauens. Mit der Hilfe von Wir- oder Zusammengehörigkeitsgefühl gelingt es, eine persönliche Bindung und Beziehung aufzubauen, die Ihre Zusammenarbeit enorm erleichtert. Das „Wir" Gefühl wird durch gemeinsames Erleben, durch Teilen von Herausforderung und Engagement ständig verstärkt.

- Erfolgs-Tipps für die interkulturelle Zusammenarbeit, publiziert in der Standard von Agata Danis:
  - „Eine erfolgreiche Zusammenarbeit mit Geschäftspartnern aus anderen Ländern setzt mehr Wissen über die Kultur des Landes voraus als die Do's und Don'ts des jeweiligen Landes zu kennen.
  - Entwickeln Sie ein Grundverständnis für die Kultur des Ziellandes, wo Sie tätig werden. Dadurch gewinnen Sie Sicherheit und Orientierung. Mithilfe von interkulturellem Training können Sie auch Flexibilität und Anpassungsfähigkeit im Umgang mit nicht erwarteten Situationen erwerben.
  - Statt den Aussagen wie „Bei uns ist es so …" oder „Wir machen das immer so …" stellen Sie Fragen, mit denen Sie Ihr Interesse signalisieren, wie z. B. „Wie machen Sie das?" oder „Was sind Ihre Erfahrungen?" usw.
  - Entwickeln Sie ein „WIR"-Gefühl mit Ihrem multinationalen Team. Legen Sie gemeinsame übergeordnete Ziele fest, die das gesamte Team motivieren.
  - Achten Sie auf die lokalen Eigenheiten, fremden Bräuche, Sitten und Traditionen, aber verlieren Sie nicht Ihre eigene Identität. Je besser Ihnen dieser Spagat gelingt, desto größer wird Ihr internationaler Erfolg." (Danis, Der Standard, 2008; 13/14 Sept.)

Zwei Seiten einer Medaille

Eine authentische Geschichte aus meinem Coaching-Alltag. Alle Angaben sind so verändert, dass die Menschen nicht wiederzuerkennen sind und ihre Anonymität gewahrt bleibt.

Manchmal verrät schon die Telefonstimme sehr viel über den Anrufer und seinen psychischen Zustand. Klara, eine neue Klientin, ruft mich an und bittet um einen Coaching-Termin. „Eine Freundin hat Sie mir empfohlen", sagt sie. Sie kann kaum sprechen, schnappt nach Luft, ihre Sätze kommen kurz und hektisch. Wir vereinbaren einen Termin.

Zwei Tage später kommt sie zu mir, eine schlanke Frau Mitte dreißig. Sie setzt sich hin, mit steifem Oberkörper und fest zusammengepressten Lippen, und sagt kein Wort.

Der erste Satz, der mir spontan einfällt, ist: „Bitte atmen Sie tief ein und dann atmen Sie lang aus, versuchen Sie sich zu entspannen."

„Ich kann mich nicht entspannen, das ist doch mein Problem", sagt sie. „Ich habe das Gefühl, wenn ich mich entspanne, wenn ich mich fallen lasse, werde ich nicht mehr weiter machen können und meine Welt bricht zusammen."

„Erzählen Sie mir bitte über Ihre Welt." Ich spreche ruhig und langsam, versuche sie mit meiner Stimme zu beruhigen und ihr das Gefühl zu geben: Alles ist gut, ich bin da und höre dir gerne zu.

„Ich habe einen neuen Aufgabenbereich bekommen und fühle mich damit überfordert. Ich bin ständig müde, schlafe seit drei Wochen nur mit Schlaftabletten. Ich muss in der Firma wichtige Entscheidungen treffen, aber wie soll ich das tun? Ich kann nicht klar denken. Ich schaffe es nur die wichtigsten Aufgaben zu erledigen. Ich finde nicht einmal fünf ruhige Minuten, um mich hinzusetzen und mich zu konzentrieren. Ich soll Menschen kündigen. Unsere Abteilung soll sparen, aber wie?"

Klara ist sehr aufgewühlt, ihr Körper ist steif und verkrampft, gefangen in seinem eigenen Spannungsfeld.

Mir fallen sehr kluge Sätze aus der Fachliteratur ein, wie zum Beispiel: Verstärkt wird, worauf Sie Ihre Aufmerksamkeit richten. Lösen Sie sich aus alten Gewohnheiten und aus der Ohnmacht der Überforderung, indem Sie Ihre eigene Kraft und Wirksamkeit erkennen.

Aber diese Sätze würden Klara in ihrem jetzigen Zustand nur provozieren, sie kann ihre Aufmerksamkeit momentan in keine neue Richtung lenken.

Ich entscheide mich für eine Entspannungsübung, um bei ihr die richtige „Betriebstemperatur" zu erreichen, um Bereitschaft und Offenheit für neue Sichtweisen zu ermöglichen. Mit der Hilfe der hypnotherapeutische Methode kann ich Klara in einen Zustand der leichten oder mittleren Tiefentspannung führen. In diesem Zustand können simple Suggestionen vermittelt werden und die Muskulatur beginnt sich zu entspannen.

„Um klar zu sehen, reicht oft ein Wechsel der Blickrichtung." Antoine de Saint-Exupéry

Ich sage zu Klara: „Wenn Sie damit einverstanden sind, machen wir jetzt eine Entspannungsübung. Sind Sie bereit?"

„Ja, gerne", antwortet sie prompt.

„Schließen Sie Ihre Augen und atmen Sie tief in den Bauch ein und aus, so wie es Ihnen gut tut. Lassen Sie sich von mir in einen Zustand der friedvollen Ruhe hineinführen. Lenken Sie Ihre Aufmerksamkeit auf Ihren Atemfluss. Ihre Muskeln entspannen sich und Sie lassen Ihre Gedanken los. Wie ein Bach herabfallende Blätter davonschwimmen lässt, so lassen Sie auch Ihre Gedanken davonfliegen."

Als ich merke, dass Klara sich entspannt hat, führe ich sie zu ihrem imaginären Kraft-Ort. Ich bitte Klara, sich vier Stufen vorzustellen und die Stufen eine nach der anderen hinunterzugehen. Mit jedem Schritt entspannt sich ihr Körper mehr. Dann führe ich sie durch eine Tür, die zu einer Brücke führt, und lasse sie über die Brücke gehen. Nach der Brücke kommt ein Weg. Viele Seitenwege gehen rechts und links von ihm ab. Dann sage ich zu ihr: „Eine dieser Abzweigungen spricht Sie an, folgen Sie gedanklich diesem Weg, er führt Sie zu Ihrem Kraft-Ort."

Ich lasse Klara Zeit, ihren Kraft-Ort zu genießen und sage: „Sie können hier Ruhe und Frieden einatmen und Ihre Verspannung ausatmen."

Nach ein paar Minuten füge ich hinzu: „Sie können in Gedanken jederzeit zurückkommen und sich an Ihrem Kraft-Ort entspannen.

Und vielleicht wollen Sie jetzt die folgenden Sätze auf sich wirken lassen:

Ich habe mich entschieden, diesen Augenblick zu genießen, ich lasse meine Verspannungen, Ängste und Unsicherheiten los.

Ich begrüße die innere Ruhe in meinem Leben.

Ich habe die Gelassenheit, Dinge hinzunehmen, die ich nicht ändern kann.

Ich habe den Mut, Dinge zu ändern, die möglich sind.

Ich richte meine Aufmerksamkeit auf mehr Lebensfreude, dadurch bekomme ich mehr Energie und Kraft.

Ich erlaube mir die Lebensfreude zu genießen.

Jetzt bitte ich Sie, ein paar Mal tief ein- und auszuatmen und Ihren Kraft-Ort langsam zu verlassen, in der Gewissheit, dass Sie in Gedanken jederzeit zurückkommen können, um sich zu entspannen. Hier finden Sie immer alles, was Sie brauchen: Ruhe, Sicherheit und Geborgenheit.

Bewegen Sie nun ganz sanft Ihre Finger und Zehen, beginnen Sie, sich zu recken und zu strecken und nun, mit neuer Lebenskraft aufgetankt, fühlen Sie sich in der Lage, dem Alltag und seinen Anforderungen zu begegnen – mit Energie, Tatendrang und Gelassenheit. Und jetzt öffnen Sie mit einem Lächeln im Gesicht die Augen."

Klara hat sich während der Übung entspannt, ihre Augen strahlen, ihr Körper und ihre Gesichtszüge sind lockerer, der Eisblock ist aufgetaut. Ich stelle ihr die Frage: „Wie fühlen Sie sich?"

„Danke, es war schön, es geht mir besser. Mir haben die Sätze sehr gut gefallen, besonders die mit der Lebensfreude. Ich muss gestehen, ich habe mir in letzter Zeit gar keine Lebensfreude erlaubt. Ich funktioniere nur, erledige eine Aufgabe nach der anderen, ich laufe auf Autopilot wie ein Roboter."

Ich nicke verständnisvoll und frage Klara, wo sie in Gedanken gelandet ist und ob sie Farben gesehen hat, da ich die Erfahrung gemacht habe, dass meine Klienten und Klientinnen mit Burnout an ihren Fantasie-Kraft-Orten meist keine Farben sehen, es ist dort alles grau.

Klara beruhigt mich: „Ja, ich kann mich an Farben erinnern, ich bin in einer Barockkirche gelandet, wo man Musik von Bach gespielt hat. Es war wunderschön, so friedvoll, harmonisch und überaus beruhigend."

Ich stelle ihr die Frage: „Angenommen, Sie würden in einer Welt leben, wo alles friedvoll, harmonisch und überaus beruhigend ist, was wäre dann anders?"

„Ich müsste niemandem kündigen", kommt die spontane Antwort.

Klara ist für neun Mitarbeiterinnen zuständig, die als Pharmareferentinnen tätig sind. „Ich habe mich vor acht Monaten für diese Stelle beworben und mich sehr gefreut, als ich die Zusage erhalten habe. Kurz nach meiner Beförderung habe ich erfahren, dass die Firma aus wirtschaftlichen Gründen sehr strenge Sparmaßnahmen vornimmt und meine Abteilung auch sparen muss. Ich schiebe aber den Gedanken, jemandem kündigen zu müssen, weg von mir. Ich verweigere die Auseinandersetzung mit diesem Thema", erzählt sie.

„Was heißt es, wenn Sie sagen: ‚Ich verweigere die Auseinandersetzung mit diesem Thema?‘ Wollen Sie nicht oder können Sie nicht?"

„Ich will nicht. Ich bin ein netter Mensch und ich werde gezwungen, eine Entscheidung zu treffen, die mir sehr schwer fällt. Ich soll zwei Menschen kündigen.

Andererseits weiß ich sehr wohl, dass die Sparmaßnahmen notwendig sind. Es muss etwas geschehen, weil wir sonst alle unsere Arbeit verlieren. Mein Verstand weiß, dass zwei eine kleinere Zahl ist als zehn."

„Hm, was erwarten Sie von mir?", frage ich Klara und denke, dass zwischen Bach und Kündigungen ein großer Spagat liegt.

Klara ist still, sie antwortet nicht.

Dann sagt sie: „Zwei ist weniger als zehn“ und wiederholt diesen Satz drei Mal. Sie schaut mich an und fragt: „Wie trifft man so eine Entscheidung? Woher weiß ich, wem ich kündigen soll?“

Klara bekommt von mir zehn Karten und ich bitte sie, darauf die Namen ihrer Mitarbeiterinnen zu schreiben. Als sie damit fertig ist, schlage ich ihr vor, dass sie mir jede Person einzeln vorstellt und überlegt, warum sie in Zukunft unbedingt mit dieser Person zusammenarbeiten möchte.

„Warum zehn Karten?“, fragt sie. „Ich habe neun Mitarbeiterinnen!“

„Die erste Karte sind Sie. Bitte stellen Sie mir auch Klara vor. Was macht Klara gerne? Was motiviert sie? Was macht ihr Freude, wenn sie es tut?“

Klara fängt zuerst langsam und zögerlich an, aber dann beschreibt sie sich und auch ihre Mitarbeiterinnen sehr detailliert. Sie spricht über die Eigenschaften, die sie beeindrucken, über die Ergebnisse, die bei manchen besser sind als der Durchschnitt. Sie nennt diese Mitarbeiterinnen unsere „Diamanten“. Sie äußert sich sehr wertschätzend, würdigt Kompetenzen wie Begeisterung für das Produkt, Kontakt- und Kommunikationsfähigkeit oder langfristige Kundenbindung.

Als sie alle Mitarbeiterinnen vorgestellt hat, hat sie zehn Karten mit Namen vor sich auf dem Tisch liegen.

„Wen wollen Sie behalten? Das ist die entscheidende Frage“, sage ich zu Klara.

Sie schiebt die Karten hin und her und ist in ihren Gedanken versunken. Schließlich entscheidet sie sich für sechs Mitarbeiterinnen, die sie auf gar keinen Fall verlieren möchte. Es bleiben drei Wackelkandidatinnen.

Ich schlage Klara vor, mit der Personalabteilung zu sprechen und nach diesem Gespräch die endgültige Entscheidung zu treffen.

Sie nickt und sagt „Ich bin jetzt total erschöpft, aber zufrieden mit dem Ergebnis.“

Wir vereinbaren den nächsten Termin für zwei Wochen später.

Als sie wieder kommt, sagt sie: „Jetzt kenne ich die beiden Seiten der Medaille. Mir wurde vor einem Jahr gekündigt und jetzt habe ich selbst zwei Kündigungen ausgesprochen. Ehrlich gesagt, weiß ich nicht, welche Seite mir besser gefällt."

Wir schauen uns an und ich nicke verständnisvoll.

Hm, was sagt ein Coach in so einem Fall? Am besten gar nichts. Das Einzige, was ich tun kann, ist Mitgefühl und Verständnis zu vermitteln.

„Wollen Sie darüber reden?", frage ich sie.

„Es gibt nichts, was ich dazu sagen könnte. Die Karten des Lebens sind bunt gemischt und jeder von uns bekommt gute und schlechte Karten. Ich möchte nach vorne schauen."

Dann erzählt sie über die Stimmung in der Firma, über die Angst und Unsicherheit der Kolleginnen, die auch auf die Ergebnisse eine negative Auswirkung haben.

„Was kann ich tun? Wie soll ich meine Mitarbeiterinnen motivieren?", fragt sie.

„Es muss von Herzen kommen, was auf Herzen wirken soll." Johann Wolfgang von Goethe

Ich lese ihr aus meinen Notizen vor, wie wertschätzend sie über ihre Mitarbeiterinnen gesprochen hat. Was sie miteinander verbindet, die Fähigkeiten und die Begeisterung für eine gemeinsame Sache.

Klara hört mir sehr aufmerksam zu.

„Die Aufgabe der Führungskräfte, ganz besonders nach einer Kündigungswelle, ist, ihren Mitarbeiterinnen Vertrauen in eine gemeinsame Zukunft spüren zu lassen, Begeisterung zu wecken, Sicherheit und Bindung zu vermitteln.

Wenn Sie davon überzeugt sind, dass Ihre Abteilung eine positive Zukunft hat, dann werden Sie diese Überzeugung auch vermitteln können. Sind Sie davon überzeugt?", frage ich Klara.

„Absolut! Davon bin ich wirklich überzeugt", antwortet sie.

Wir erarbeiten, was Klara tun kann. Uns fallen viele Sachen ein, wie Lob und Anerkennung auszusprechen, positives Feedback zu geben, auch kleine Ergebnisse zu würdigen, gemeinsam zu feiern oder eine Zukunftsvision zu erarbeiten, für die sich alle Mitarbeiterinnen überlegen: Was kann ich persönlich dazu beitragen, dass unser Arbeiten angenehmer wird?

Klara lacht, schaut mich an und fragt: „Und wer wird mich motivieren?"

„Sie selbst, Sie alleine sind dafür verantwortlich, dass es Ihnen gut geht", antworte ich und gebe Klara eine Hausaufgabe.

Um ihre Kraft und Wirksamkeit zu erkennen und ihre Lebensfreude zu erhöhen, soll Klara ein Lebensfreude-Tagebuch führen. Sie soll jeden Tag fünf Minuten schreiben und folgende oder ähnliche Sätze beenden:

Heute freue ich mich auf …

Es motiviert mich …

Heute möchte ich versuchen …

Es ist mir gelungen …

Ziel dieser Übung ist, sich selbst besser kennenzulernen und sich auf die Lebensfreude und positive Ereignisse bewusst zu fokussieren. (Tan, 2012; 143–145)

Ich begleite Klara weiterhin, sie berichtet mir über ihr Tagebuch und es werden von Sitzung zu Sitzung immer mehr Ereignisse, die sie mit Freude erfüllen. Wir wiederholen jedes Mal auch die Entspannungsübung und sprechen viel über ihre Mitarbeiterinnen und deren Herausforderungen und Fortschritte.

Eines Tages, als ich Klara die übliche Frage „Wie geht es Ihnen?" stelle, antwortet sie lächelnd mit: „Danke, es geht mir wirklich gut, ich laufe nicht mehr auf Autopilot, ich habe wieder Mut zum Leben."

Und ich erkenne, dass der Zeitpunkt, unsere Zusammenarbeit zu beenden, gekommen ist.

Fazit – Ich laufe nicht mehr auf Autopilot

Mit der Aktivierung unserer Selbstwahrnehmung und der Stärkung unseres Selbstbewusstseins können wir die Gegenwart, das „Hier und Jetzt" bewusst erleben. Selbst-Bewusst-Sein bedeutet nach meinem Verständnis, die eigenen Gedanken und Gefühle wahrzunehmen, bewusst zu handeln und zu kommunizieren und dadurch ein selbstsicheres, authentisches Auftreten zu gewinnen.

Mit Achtsamkeit aus dem Gefühlschaos:

- Wie können Sie Ihre Selbstwahrnehmung aktivieren? Indem Sie Ihren Geist oft eine Ruhepause gönnen. Lernen Sie, Ihr „Kopfkino", die ständigen, ununterbrochenen Gedanken über die Ereignisse in der Vergangenheit oder Zukunft, auszuschalten.
- Eine der gut bewährten Methoden, den Geist zu beruhigen, ist die Meditation. Wenn Sie jeden Tag mindestens drei bis fünf Minuten lang meditieren, werden Sie bald die positive Wirkung bemerken. Durch diese Technik lernen Sie, Ihre Gedanken und Gefühle bewusst wahrzunehmen. Mit der Zeit lernen Sie, den Fluss Ihrer Gedanken sowie Ihre emotionalen Prozesse klar und objektiv zu betrachten – nicht bewerten, nur betrachten – als sähen Sie sie aus der Perspektive eines Dritten. Auf diese Weise kann eine tiefe Selbsterkenntnis entstehen.
- Claudia Maurer und der Shaolin Shi Xing Mi beschreiben in ihrem Buch „Gib nicht alles, gib das Richtige" die Shaolin-Strategie für Manager und betonen die Vorteile der Meditation: „Mit der Meditation lernen wir, den Verführungen unserer eingeschliffenen Denkmuster nicht ständig nachzugeben. Sie hilft uns dabei, Überflüssiges auszusortieren, den Geist leer zu machen und zu entspannen. Das ist der Nährboden für Achtsamkeit und damit für richtiges und zielgerichtetes Denken und Handeln." (Maurer, Shi Xing Mi, 2014; 43)

- Eine weitere Methode, die Sie zur Steigerung der Achtsamkeit
  gegenüber ihren Gedanken und Gefühlen verwenden können,
  ist das Tagebuchschreiben. Sie können einen bestimmten Zeit-
  rahmen festlegen, zum Beispiel vier Minuten und ein Thema
  wählen. „Das Tagebuchschreiben setzt an der Sinnebene an
  und eignet sich am besten zur Entwicklung einer zutreffenden
  Selbsteinschätzung", schreibt Chade-Meng Tan, Leiter der
  Persönlichkeitsentwicklung der Firma Google und berichtet
  über eine interessante Studie, die vor zwanzig Jahren durch
  den Psychologen James Pennebaker durchgeführt wurde:
  „Studenten, die an mehreren aufeinanderfolgenden Tagen
  jeweils 15 Minuten lang über ihre wichtigsten persönlichen
  Erfahrungen schrieben, hatten sowohl bessere Blutwerte als
  auch bessere Noten." (Tan, 2012; 135)
- „Sogar vier Minuten schreiben können einen nachweislichen
  Unterschied machen", schreibt Tan und empfiehlt Themen-
  vorschläge auf kleine Zettel zu schreiben, um jeden Tag einen
  oder zwei davon zu ziehen und so lange schreiben, bis die
  Zeit um ist. Die Zettel sollen folgende unvollendete Sätze
  enthalten wie z. B.:
  - „Im Augenblick empfinde ich …
  - Ich bin mir bewusst, dass …
  - Es motiviert mich …
  - Es inspiriert mich …
  - Heute möchte ich versuchen …
  - Es verletzt mich, dass …
  - Ich wünsche mir …
  - Die anderen sind …
  - Liebe ist …" (Tan, 2012; 143–145)

Hl. Franz von Assisi

Mitten im Chaos

Eine authentische Geschichte aus meinem Coaching-Alltag. Alle Angaben sind so verändert, dass die Menschen nicht wiederzuerkennen sind und ihre Anonymität gewahrt bleibt.

Petra, meine Klientin, kommt das erste Mal zu mir. Sie setzt sich hin, ohne ein Wort zu sagen und schaut mich erwartungsvoll mit ihren großen, braunen Augen an. Ihr Blick erinnert mich an ein verwirrtes, ängstliches Reh.

Ich stelle meine erste Frage an sie: „Was sollte hier heute passieren, damit Sie nach der Coaching-Stunde das Gefühl haben, dass es sich gelohnt hat zu kommen?"

„Eigentlich bin ich gekommen, weil ich nächste Woche ein Bewerbungsgespräch habe und ich dachte, Sie können mir sicherlich ein paar Tipps geben und mich auf dieses Gespräch vorbereiten."

„Sehr gerne", antworte ich. Petra wirkt auf mich sehr ängstlich. Ich habe es gelernt auf meine Intuition zu achten und frage sie: „Sie wirken auf mich unsicher und ängstlich. Haben Sie Angst vor mir oder vor dem Bewerbungsgespräch?"

„Weder, noch. Ich weiß nicht, wie ich es formulieren soll, damit Sie das verstehen. Mir tut alles weh, mir tut meine Seele weh. Ich habe das Gefühl, dass ich in einem dunklen, dichten Wald stehe und nicht den Weg hinaus finde."

„Was würde Ihnen helfen, aus diesem Wald hinauszukommen?", frage ich sie.

„Wenn ich wüsste, wie ich mich meinem Mann gegenüber verhalten soll. Das erste Mal in meinem Leben habe ich die Orientierung verloren. Ich stehe mitten im Chaos, mein Leben ist ein großes Durcheinander."

„Seit wann haben Sie das Gefühl, dass Sie mitten im Chaos stehen?" ist meine nächste Frage.

„Das weiß ich nicht so ganz genau. Mein Leben war vor einem Jahr noch in Ordnung. Ich hatte einen großartigen Job und eine wunderbare Familie. Mein Mann war ein erfolgreicher Manager und ich war EDV-Leiterin. Wir haben beide sehr gut verdient und waren mit unserer bezaubernden Tochter eine Bilderbuchfamilie. Meine kleine, heile Welt war vollkommen.

Vor einem halben Jahr hat mein Mann seine Stelle verloren und drei Monate später wurde ich auch freigestellt. Auf einmal haben wir zwei Gehälter verloren. Sie können sich sicherlich vorstellen, wie schwer das ist. Wir sind beide extrem gereizt, sind beide den ganzen Tag zu Hause und die Spannung zwischen uns ist unerträglich.

Ich bin sehr praktisch veranlagt, bewerbe mich ständig und bekomme Einladungen zu Vorstellungsgesprächen. Was meinen Mann betrifft, habe ich das Gefühl, dass er aufgegeben hat. Er droht mit Selbstmord und an manchen Tagen habe ich Angst, ihn alleine zu lassen.

Wenn ich diesen aktuellen Job bekommen würde, wäre es fantastisch. Ich würde mich wahnsinnig freuen. Gleichzeitig weiß ich, dass es ein harter Schlag für meinen Mann wäre. Damit würde er sich noch mehr als Versager fühlen. Ich weiß nicht, wie ich mich verhalten soll. Ich weiß nicht, was richtig und was falsch ist. Ich kenne mich nicht mehr aus. Das ist es, was mich so sehr verwirrt.“

Ich warte ein bisschen, bis sich Petra einigermaßen beruhigt hat, dann sage ich zu ihr: „Sie sind dafür verantwortlich, dass es Ihnen gut geht. Wenn es Ihnen gut geht, nur dann können Sie dafür sorgen, dass es auch Ihrer Familie gut geht. Wenn es Ihnen schlecht geht, tun Sie damit niemandem einen Gefallen.“

„Ja, mag sein, aber ich habe das Gefühl, dass ich meinen Mann verletze, deshalb gehe ich ihm aus dem Weg. Ich würde ihn gerade jetzt so sehr brauchen. Ich vermisse seine Unterstützung, ich vermisse, dass er meine Freude mit mir teilt, ich vermisse, dass er stolz auf mich ist, ich vermisse die Liebe und die Harmonie zwischen uns.“

„Entschuldigen Sie, dass ich Sie unterbreche. Sagen Sie das auch Ihrem Mann, mit den gleichen Worten und mit der gleichen Leidenschaft, wie Sie es mir eben gesagt haben?“

„Ja, das sollte ich tun", sagt Petra und erzählt weiter.

„Aber diesen Teil erzähle ich nur Ihnen: Da ich all das nicht bekomme, flüchte ich vor ihm. Manchmal treffe ich mich mit einem ehemaligen Kollegen. Wir haben uns immer gut verstanden. Er gibt mir genau die Gefühle, die ich von meinem Mann nicht bekomme. Ich weiß, dass ich damit meinen Mann verletze, aber ich kann nicht anders. Ich treffe mich immer wieder mit dem Kollegen. Wir hatten bis jetzt keinen Sex, wir reden nur stundenlang miteinander. Die Tatsache, dass es jemanden gibt, der liebevoll an mich denkt, tut so gut. Es ist ein wunderschönes Gefühl."

„Danke für Ihre Ehrlichkeit. Bei mir ist ein Satz besonders hängen geblieben: Sie haben gesagt, wenn Sie diesen Job bekommen würden, wäre es ein harter Schlag für Ihren Mann und er würde sich als Versager fühlen. Hat er das gesagt oder sind das Ihre Gedanken und Befürchtungen?"

Petra antwortet sehr energisch: „Nein, er hat das nicht gesagt, ich habe nur Angst davor."

Ich ermutige Petra, mit ihrem Mann zu reden – nicht über seine Zukunftsängste und Verletzungen, sondern über ihre eigenen. Wo würde sie sein Verständnis und seine Unterstützung brauchen, warum wäre dieser Job für sie so erstrebenswert? Sie sollte offen und ehrlich über diese Themen sprechen.

Und ich füge noch hinzu: „Was seine Zukunftsängste betrifft, darüber kann ich mich nicht äußern, vielleicht braucht er professionelle Hilfe."

„Er war schon beim Arzt", beruhigt mich Petra.

„Sehr gut. Angenommen, Sie würden den Job bekommen, welche Vorteile hätte diese Tatsache für Sie und Ihre Familie?"

„Eine Menge Vorteile. Eine gewisse Normalität würde zurückkehren. Die finanzielle Unsicherheit, die uns beide extrem belastet, wäre weg. Ich wäre wieder die Alte, ruhiger und ausgeglichener und würde mich nicht als Versagerin fühlen. Ich könnte wieder lachen, mich wohlfühlen. Der Tag hätte wieder einen Sinn und einen geregelten Ablauf. Und vielleicht würde auch mein Mann den Schritt in die Selbstständigkeit wagen, den er schon so lange plant."

„Sie würden sich also nicht mehr als Versagerin fühlen. Interessant. Aber Ihr Mann würde sich jetzt, Ihrer Meinung nach, als Versager fühlen, und deswegen haben Sie ein schlechtes Gewissen?" frage ich Petra.

„Ja, genau."

„Angenommen die Situation wäre umgekehrt, Ihr Mann hätte eine Jobzusage. Wie würden Sie sich verhalten?" frage ich sie weiter.

„Ich würde mich für ihn freuen."

„Würden Sie sich deswegen als eine noch größere Versagerin fühlen?"

„Nein, sicher nicht, ich würde mich ehrlich für ihn freuen."

„Ich kann dazu nur sagen: Ob sich Ihr Mann als Versager fühlen wird oder nicht, ist ganz alleine seine Entscheidung. Es wäre aber sehr schön, wenn Sie ihm vertrauen könnten, dass er mit der Situation fertig wird."

„So habe ich es noch nie gesehen", Petras Stimme ist unsicher.

Wir haben bisher die Vorteile angeschaut, jetzt frage ich Petra: „Angenommen, Sie würden den Job bekommen, welche Nachteile hätte diese Tatsache für Sie und Ihre Familie?"

„Eigentlich keine, bis auf meine Angst, dass ich meinen Mann damit verletzen könnte. Wenn ich mir aber die Vor- und Nachteile überlege, siegen eindeutig die Vorteile."

„Danke!", nicke ich ihr lächelnd zu. Wir sind jetzt endlich so weit, dass wir uns auf das Vorstellungsgespräch konzentrieren können. „Stellen Sie sich vor, ich bin die Leiterin der Personalabteilung und Sie bewerben sich bei mir."

Petra nickt und beginnt über ihre berufliche Laufbahn zu erzählen.

Ich erlebe eine andere Petra, eine erfahrene, authentische und starke Frau. Im beruflichen Kontext ist Petra selbstsicher. Der verletzte, ängstliche Blick ist verschwunden.

So eine enorme Wandlung bei meinen Klienten und Klientinnen erstaunt mich immer wieder aufs Neue.

Die EDV-Welt ist eindeutig die, in der sich Petra wohl und sicher fühlt. Wir wiederholen das Vorstellungsgespräch ein paar

Mal, bis wir beide das Gefühl haben, dass sie jetzt vorbereitet ist, ihre Sätze und Antworten authentisch sind, ihre Begeisterung für die EDV spürbar ist und ihre Fähigkeiten als Führungskraft überzeugend sind.

Ich bin zufrieden mit unserer Arbeit und sage: „Mich haben Sie überzeugt, ich würde Sie sofort einstellen."

Petra lacht und antwortet: „Das würde ich auch sofort tun."

Drei Wochen später erreicht mich die Nachricht, dass Petra die Stelle bekommen hat. Ich begleite sie während ihrer ersten drei Monate als EDV-Leiterin weiter. Die Freundschaft mit dem Kollegen ist kein Thema mehr und mit großer Begeisterung erzählt sie mir eines Tages, dass ihr Mann den Schritt in die Selbstständigkeit gewagt hat.

Fazit – Mitgefühl statt Mitleid

Wenn es uns schlecht geht, brauchen wir von unserem Partner Liebe, Verständnis, Mitgefühl und Achtsamkeit statt Mitleids, Opferhaltung, falscher Bescheidenheit oder emotionaler Kälte.

Mit Achtsamkeit aus dem Gefühlschaos:

- Wenn Sie und Ihr Partner sich gleichzeitig in einer beruflichen Veränderung, oder in eine Lebenskrise befinden, versinken Sie weder in Selbstmitleid noch in Mitleid. Schenken Sie Ihrem Partner Achtsamkeit und achten Sie gleichzeitig auch auf Ihre eigene innere Ruhe.
- Bleiben Sie aktiv, suchen Sie eine neue Stelle und bewerben Sie sich. Gehen Sie entspannt und selbstbewusst statt verkrampft und unsicher zum Vorstellungsgespräch. Finden Sie Ihre eigene Methode, wie Sie sich entspannen können.
- Eine Soforthilfe bietet das bewusste Atmen. Wenn Sie sich fünf Minuten lang nur auf Ihren Atem konzentrieren und sich vorstellen, dass Sie Ruhe ein- und Verspannung ausatmen, werden Sie die beruhigende Wirkung der Übung erkennen. Eine gründliche Vorbereitung für das Vorstellungsgespräch ist wichtig und unerlässlich. Wenn nötig, nehmen Sie professionelle Hilfe an.
- Begegnen Sie den Sorgen und Ängsten Ihres Partners mit Mitgefühl.
  Wenn es unserem Partner schlecht geht, tut es uns leid, wir leiden mit ihm.
  „Wenn man beim Mit-Leid im Leid stecken bleibt, verstärkt sich das negative Gefühl noch", schreibt Master Han Shan und setzt fort – „Anders als der Mit-Leidende begibt sich der Mit-Fühlende nicht auf die Ebene des Leids und verharrt dort. Er erkennt den Zustand des anderen, denn er ist mit ihm verbunden. Und über diese Verbundenheit kann er sein Mitgefühl aussenden, gute Energie, die heilt und harmonisiert." (Han Shan, 2011; 101)

- Stärken Sie nicht das Leid mit Mit-Leid. Achten Sie auf Ihre Gedanken und Gefühle. Wenn Sie positive Energie, Achtsamkeit und Mit-Gefühl aussenden, werden Ihr Partner und Ihre Umgebung sie dankbar annehmen.

COACHING-GESCHICHTEN ÜBER DIE LIEBE

Ich bin eine Schokoladentorte

Eine authentische Geschichte aus meinem Coaching-Alltag. Alle Angaben sind so verändert, dass die Menschen nicht wiederzuerkennen sind und ihre Anonymität gewahrt bleibt.

Angela, meine Klientin, ist eine hübsche, intelligente Frau Anfang vierzig. Kaum ist sie in meinem Büro angekommen, fängt sie an zu erzählen. Sie spricht wie ein Wasserfall, nichts kann sie anhalten. Ich merke, dass sie unbedingt etwas loswerden möchte. Als ob sie mit dem Erzählen ihrer Geschichte ihren Schmerz und ihre Verletzung loswerden könnte.

„Sie wissen, dass ich geschieden bin und es fällt mir schwer, Vertrauen zu Männern aufzubauen. Ich habe Ihnen auch erzählt, dass ich einen Freund namens Mathias habe, er war aber nicht der Grund für meine Scheidung. Er ist Künstler und ist verheiratet. Und ganz ehrlich, ich war mir bei ihm nie sicher, ob er nur eine Freundschaft sucht und seiner Frau treu bleiben möchte oder ob er mehr will. Wir kennen uns schon länger und treffen uns ab und zu. Ich mag ihn sehr, fühle mich wirklich wohl mit ihm und er hat mir immer das Gefühl vermittelt, dass es ihm genauso geht. Wir erzählen uns eigentlich alles. Aus meiner Sicht ist es etwas Besonderes, wenn zwei Menschen so eine ehrliche und vertraute Beziehung haben. Was das Körperliche betrifft, war nicht mehr als ab und zu ein Kuss. Ich wollte ihn nicht drängen und außerdem war ich nach der Trennung von meinem Mann längere Zeit ziemlich durcheinander. Ich dachte …“, Angela bleibt still und fügt nach kurzer Pause hinzu: „Keine Ahnung was ich dachte.“

„Bitte erzählen Sie weiter“, ermuntere ich sie.

„Wir verabredeten uns zum Mittagessen und Mathias teilte mir mit, dass er eine Frau kennengelernt habe. Und jetzt habe er ein Problem, weil er sich zwischen Ehefrau und Freundin – er nennt die Freundin ‚sie‘ – nicht entscheiden könne. Dann schaute er mich an und sagte: ‚Es macht nichts, dass es mit uns nichts geworden ist, umso schneller ist es jetzt passiert.‘

Ich habe mich gefragt: Was will er mir damit sagen?

Und er fügte noch hinzu, dass der Sex mit ‚ihr‘ toll sei.“

„Wohlerzogen zu sein, ist heutzutage ein großer Nachteil. Es schließt einen von so vielem aus.“ Oscar Wilde

Angela schaut mich mit Tränen in den Augen an und erzählt weiter.

„Ich konnte nichts sagen, war sprachlos, erstarrt. Das tat so weh, so unbeschreiblich weh. War ich nur ein Sprungbrett, damit ‚es‘ dann bei der nächsten Gelegenheit umso schneller passiert? Hat er in mir nur eine nette Gesprächspartnerin und nie die Frau gesehen? Habe ich es mir eingebildet, dass zwischen uns zwei mehr ist als nur eine nette Begegnung? Bin ich überhaupt eine liebenswerte, begehrenswerte Frau?

Es war das schlechteste Timing aller Zeiten. Ich wollte ihm sagen, dass ich die Trennungsphase nach meiner Scheidung überwunden hätte und wieder offen für eine Beziehung sei.

Ich konnte aber nichts sagen. Ich saß mit einem Pokerface da und dachte mir: Du musst atmen, nur einatmen und ausatmen, an nichts denken, nur atmen, nicht weinen, keine Szene machen, einfach nur atmen.“

„Ja, ich verstehe“, sage ich zu Angela. Sie schweigt und nach einer kurzen Pause erzählt sie weiter.

„Dann zeigte mir Mathias ein MMS, ein Foto, worauf ein Damenbein in einem schwarzen Stiefel zu sehen war. ‚Sie‘ hatte einen Stiefel angezogen, fotografiert und das Bild ohne Text an ihn gesendet. Mathias hielt mit zitternden Händen sein Handy, schaute mich wie ein bis über beide Ohren verliebter Teenager, der die Welt nicht versteht, an und fragte: ‚Zum Beispiel das, was heißt es? Ist es ein Arschtritt, macht ‚sie‘ Schluss mit mir? Oder war es nur ein Frusteinkauf? Hat ‚sie‘ sich aus Frust Stiefel gekauft? Ist ‚sie‘ traurig? Was bedeutet so ein Foto?‘“

Angela dreht sich zu mir und fragt: „Was würden Sie als Coach sagen, was bedeutet es?“

„Es ist, was es ist. Ein Stiefel ist ein Stiefel. Interessant ist aber die Botschaft dahinter und die lautet meiner Meinung nach: Denke an mich, beschäftige dich mit mir. Ich möchte die Spannung zwischen uns aufrechterhalten. Wesentlich interessanter ist aber, was haben Sie dabei gedacht", stelle ich die Frage an Angela zurück.

„Ich hatte mindestens hundert Gedanken gleichzeitig im Kopf: Stiefel, Lederhose, Peitsche gehören zusammen, hat sich Mathias in so eine verliebt? Oder ist ‚sie' eine Fußfetischistin? Warum zeigt mir Mathias dieses Foto? Er muss doch wissen, dass er mir damit wehtut. Was ist das für eine Frau, die ein Foto ohne Text schickt und den Mann zappeln lässt? Ich mag solche Psychospielchen nicht. Ist es das, was ihn anmacht, so ein Psychoquatsch? Und überhaupt, wie kommt eine Frau auf die Idee, Stiefel zu fotografieren? Aber ich musste zugeben, wenn ‚sie' ihn verunsichern und verletzen wollte, hatte es funktioniert. Er saß da und zitterte."

Nach einer kurzen Pause frage ich Angela: „Was haben Sie gefühlt?"

„Schmerz. Am liebsten hätte ich ihm gesagt: ‚Siehst du, wovor du am meisten Angst hast, das tust du mir gerade an.' Wenn ich die Kraft gehabt hätte, hätte ich geschrien. Aber gleichzeitig nahm ich auch seinen Schmerz wahr. Ich sah die Angst in seinen Augen, verlassen und verletzt zu werden. Das tat so weh, ich fühlte unendliche Trauer. Ich konnte nicht wütend auf ihn sein, was ich spürte, war Mitgefühl.

Was ich aber nicht verstehe, wenn ‚sie' so toll ist, wieso leidet er dann so? Die Geschichte ist für mich nicht rund. Etwas stimmt mit ‚ihr' nicht."

„Wir wollen uns nicht über Mathias und seine ‚Freundin' unterhalten, sondern über Sie, Angela. Danke, dass Sie mir Ihre Geschichte erzählt haben, danke für Ihre Ehrlichkeit."

Das war das Ende meiner ersten Coaching-Stunde mit Angela. Es folgten weitere Sitzungen und eine intensive Auseinandersetzung mit dem Verlustschmerz und ihrer verletzten Weiblichkeit.

Es gibt zwei Möglichkeiten, wie wir mit dem Verlustschmerz umgehen können: Der destruktive Weg, in diverse Süchte oder negative Gefühle wie Hass, Neid, Wut usw. flüchten, oder durchleben und durchleiden, bis wir loslassen können.

In der nächsten Sitzung stelle ich Angela folgende Frage: „Denken Sie bitte nach, was gewinnen Sie und was verlieren Sie, wenn Sie loslassen?"

Angela überlegt ganz kurz und sagt dann: „Was ich gewinne? Ich könnte wieder ich sein, ausgeglichen und gelassen.

Was ich verliere? Ich verliere einen guten Freund und ich verliere die Liebe, die Hoffnung, dass ich eine schöne Beziehung haben werde, dass ich in Liebe leben werde. Und damit sind alle meine Ängste verbunden, die jetzt hoch kommen."

Ich schaue Angela liebevoll an und sage ganz leise: „Die Liebe ist in Ihrem Herzen, die verlieren Sie nicht, die sollten Sie bewahren. Was Sie loslassen sollten, ist das Festhalten an einer idealen Vorstellung oder die Abhängigkeit von einem Objekt bzw. einer Person der Begierde."

„Was befürchten Sie, was könnte eintreten, wenn Sie loslassen?", frage ich sie weiter.

„Ich bleibe allein, ich bin nicht liebenswert, ich bin nicht gut genug. Mein Gott, es ist so hart, ich muss damit aufhören", antwortet sie mit zittriger Stimme.

„Allein zu sein! Drei Worte, leicht zu sagen, und doch so schwer, so endlos schwer zu tragen." Adelbert von Chamisso

Mir ist bewusst, dass Angela ihre Schmerzgrenze erreicht hat, aber ich stelle ihr meine letzte Frage: „Wenn es tatsächlich passiert, dass Sie allein bleiben, was können Sie dagegen tun?"

Angela entspannt sich und sagt: „No more drama, no more pain!

Ich habe Sie verstanden, ich muss loslassen. Ich bin doch nicht allein, ich habe meine Freunde, Familie, meine Arbeit und Hobbys. Wie sagt man so schön: Was mich nicht umbringt, macht mich nur stärker."

Wir schauen uns gegenseitig an und atmen beide tief aus. Die Spannung ist weg, die Erleichterung ist spürbar.

Loslassen erfordert Mut und Vertrauen in die Zukunft.

Nach ein paar Monaten, während unserer letzten Coaching-Stunde, frage ich Angela: „Mögen Sie Süßigkeiten, Schokolade, Kuchen oder Torten?"

„Wie kommen Sie jetzt auf Süßigkeiten? Ja, natürlich, wie jede Frau", sagt Angela und lacht zum ersten Mal.

„Stellen Sie sich vor, Sie sind in einer Konditorei. Überall sehen Sie Kuchen, Torten und Schokolade. Sie setzen sich gemütlich hin und bestellen sich etwas. Was würden Sie nehmen?", frage ich sie.

Angela antwortet ganz spontan „Kaffee und Schokoladentorte, also ein Stück davon."

„Sehr gut. Meine nächste Frage lautet: Können Sie sich vorstellen, dass sich jemand zum Beispiel eine Pistazientorte bestellt?"

„Ja, natürlich. Wieso nicht?", antwortet Angela.

„Würde das heißen, dass die Schokoladentorte weniger gut schmeckt als die Pistazientorte?", frage ich weiter.

„Nein, überhaupt nicht. Es bedeutet nur, dass jemand die Pistazientorte bevorzugt. Manche Menschen haben einen komischen Geschmack, aber das ist deren Recht."

„Ja, genau", sage ich lachend und füge noch hinzu: „Ich sehe das genauso."

Angela schaut mich mit strahlenden Augen an und fragt: „Sie wollen mir sagen, dass ich eine Schokoladentorte bin und ‚sie' eine Pistazientorte ist?

Wow, es ist ein tolles Gefühl! Ich bin eine Schokoladentorte! Ja, ich bin tatsächlich eine Schokoladentorte! Und das ist dein Pech lieber Mathias, dass du die Schokoladentorte nie gekostet hast."

Wir lachen beide und ich sage: „Es freut mich wirklich, dass Sie das so sehen!"

Angela nickt: „Ich bin auf dem richtigen Weg, ich lasse los."

Ich bitte Angela auf einen Zettel aufzuschreiben, was sie Mathias sagen würde, wenn er hier wäre. Ohne nachzudenken fängt sie sofort an zu schreiben:

„Ich wünsche dir das Glück zu finden, nach dem du dich sehnst!"

„Großartig! Danke Angela, das wünsche ich Ihnen auch!"

Fazit – Ich bin liebenswert

Die unerwiderte Liebe, Ablehnung, Zurückweisung: „Dich will ich nicht!" ist besonders verletzend und ist von großen Seelenschmerzen begleitet. Das Selbstvertrauen und Selbstwertgefühl befinden sich auf einem Tiefpunkt. Man ist in einem Schockzustand und fragt sich: „Bin ich nicht liebenswert?"

Wege aus dem Gefühlschaos:

- Sie sind liebenswert, jeder Mensch ist liebenswert!
- Ungeachtet dessen, Sie können Ihr Drama siebenhundertzwanzig Mal überlegen, Sie können Grübeln, innere Monologe führen und dabei immer wieder Leid und Schmerz erfahren, die Realität werden Sie dadurch trotzdem nicht ändern können. Tatsache ist, dass die Person Ihres Begehrens sich für jemand anderen entschieden hat.
- Je besser es Ihnen gelingt, diese Tatsache zu akzeptieren, umso weniger Leid werden Sie erfahren. „Der Schmerz, den du jetzt erschaffst, ist immer eine Form des Nichtannehmenwollens, des unbewussten Widerstandes gegen das, was ist", schreibt Eckhart Tolle, Bestsellerautor zahlreicher spiritueller Bücher, und setzt fort: „Je besser du in der Lage bist, das Jetzt anzuerkennen und zu würdigen, umso weniger Leid und Schmerz wirst du erfahren." (Tolle, 2014; 77)
- Daher ist der erste Schritt zu Ihrer Heilung, eine bewusste Entscheidung zu treffen, den „bösen Wolf" oder – wie Tolle sagt – den „Schmerzkörper" nicht mehr zu füttern. Anstatt sich in Selbstmitleid zu verlieren, richten Sie Ihren Fokus auf Selbstachtung und Selbstliebe.
- Eine wunderbare Methode, mit der Sie Ihr Selbstwertgefühl und Ihre innere Ruhe zurückgewinnen können, ist die Meditation.

Übung – Meditation

Setzen Sie sich mit gekreuzten Beinen auf den Boden oder ganz normal auf einen Stuhl und richten Sie Ihren Rücken gerade auf. Schließen Sie Ihre Augen, entspannen Sie sich und konzentrieren Sie sich nur auf Ihren Atem. Lassen Sie die Gedanken, die in Ihrem Kopf herum sausen, weiterziehen, ohne sie zu beachten. Spüren Sie, wie Sie ruhiger werden. Folgen Sie nur Ihrem Atem. Atmen Sie Liebe und Geborgenheit ein und Ihre Verspannung aus.

Wenn Sie ein visueller Typ sind, können Sie sich die Liebe als goldenes, gelbes Licht vorstellen. Sie atmen das goldene Licht ein und sehen vor Ihrem inneren Auge, wie Ihr Herz sich mit dem goldenen Licht füllt. Spüren Sie, wie das Licht Ihr Herz ganz mit Liebe ausfüllt, und fühlen Sie, wie Sie voller Liebe sind.

Füllen Sie Ihren ganzen Körper aus und spüren Sie, wie viel Liebe Sie in sich tragen. Sie können das goldene Licht weiter ausdehnen und das Zimmer füllen, die gesamte Erde und das Universum.

Ruhen Sie eine Weile in diesem glücklichen Zustand, genießen Sie ihn und bemerken Sie, wie schön es sich anfühlt, wenn alles mit goldenem Licht, mit Liebe erfüllt ist.

Sie können diese Übung so lange durchführen bzw. so oft wiederholen, bis Sie erkennen, dass Ihr Herz mit Liebe erfüllt ist.

Beenden Sie die Meditation mit dem Satz „Ich bin liebenswert und alle Wesen sind liebenswert."

(Quelle: Aus der hinduistischen und buddhistischen Tradition, mündliche Überlieferung durch eine Yoga-Trainerin)

Die geschlossene Tür

Eine authentische Geschichte aus meinem Coaching-Alltag. Alle Angaben sind so verändert, dass die Menschen nicht wiederzuerkennen sind und ihre Anonymität gewahrt bleibt.

Sandra, eine 35-jährige Frau, die nach zehn Jahren Ehe erfahren hat, dass ihr Mann sie betrügt, kommt schon das zweite Mal zu mir. Ich habe bei ihr das Gefühl, dass wir nicht weiterkommen und ich denke die ganze Zeit nach, wie ich Sandra aus ihrem emotionalen Tief holen und eine positive Zukunftsvision mit ihr erarbeiten könnte.

Sandra beginnt die Sitzung sehr impulsiv: „Loslassen, jeder spricht über Loslassen. Was heißt das? Wie macht man das? Wie erkenne ich, dass ich ihn schon losgelassen habe? Ich werde wahnsinnig, ich muss ständig an ihn und an das, was er mir angetan hat, denken."

„Vergessen Sie für eine Weile Ihre Verzweiflung und Ihre Wut, einverstanden?", sage ich und bitte Sandra, eine ideale Partnerschaft zu beschreiben, eine Beziehung, die für sie persönlich perfekt wäre.

Es dauert nicht einmal zwei Minuten und Sandra skizziert ihre optimale Beziehung.

„Wichtig ist, gegenseitiges Vertrauen zu haben, aber mit anhaltendem Prickeln. Wissen Sie, was ich meine?"

„Ja, ich verstehe", nicke ich und bitte Sandra, in der Gegenwart zu sprechen, als ob sie schon in einer optimalen Beziehung leben würde. Sandra ist nicht mehr zu bremsen. Sie strahlt und lacht und beschreibt mühelos die ideale Beziehung.

„Ich habe einen liebevollen Partner. Wir sind zueinander immer offen und ehrlich. Ich spüre seine Liebe jeden Tag, auch wenn wir nicht zusammen sind. Er ruft mich oft an, fragt, wie es mir geht. Wenn wir zusammen sind, umarmt er mich liebevoll und ist zärtlich zu mir. Ich fühle mich in seiner Gegenwart in Sicherheit, geschützt und geborgen. Er hört mir zu, wenn ich über meine Arbeit erzähle. Ich bin eine Ärztin und mir ist meine Arbeit sehr wichtig. Ich höre meinem Partner auch sehr gerne zu, weil mich seine Arbeit interessiert. Wir begegnen uns auf Augenhöhe. Ich muss mich nicht kleiner machen und meine Erfolge verschweigen, damit mein Partner nicht eifersüchtig wird. Er teilt meine Freude mit mir und unterstützt mich in meiner Tätigkeit. Hm, es tut so gut! Wir haben viel Spaß miteinander, wir reisen oft, genießen das Leben, kochen und essen gemeinsam und führen interessante Gespräche. Was auch immer wir tun, wir fühlen uns beide sehr wohl dabei. Wir finden uns auch körperlich anziehend und haben guten Sex miteinander. Wir verstehen uns einfach und wir ergänzen uns hervorragend."

Ich höre Sandra zu und denke: „Fantastisch, die Frau, die bis jetzt nur wütend, verletzt und eifersüchtig war, hat mir ihre Sonnenseite gezeigt." Zu ihr sage ich: „Eine wunderschöne Partnerschaft, eine tolle Beziehung, die Sie beschrieben haben", und setze fort: „Sie könnten so eine Beziehung haben, wenn Sie den Gedanken zulassen würden."

„Es fällt mir schwer, über die Zukunft nachzudenken, weil ich nur Schmerz, Verletzung, Enttäuschung und Eifersucht fühle. Ich kann diese Gefühle nicht ausschalten. Ich bin voller Schmerz. Verstehen Sie mich?", sagt Sandra.

„Ja, ich verstehe Sie gut. Sie sind voller Schmerz. Aber wären Sie bereit, ein bisschen Platz für Glück und Liebe frei zu machen? Dafür sollten Sie ein wenig Schmerz loslassen."

„Wie soll das gehen?", fragt sie und schaut mich mit einem „Was-willst-du-mir-damit-sagen-Blick" an.

„Ich möchte damit sagen, dass Sie sich jederzeit entscheiden können, ob Sie weiter leiden wollen oder ob Sie versuchen, die Gegenwart zu akzeptieren. Situationen machen nicht unglücklich, die Gedanken daran machen unglücklich. Zum Beispiel, wenn Sie ständig darüber nachdenken, was geschehen ist und sich ständig Fragen stellen: Wie konnte er mir das antun? Wieso ich? Warum tut es so weh? Wenn Sie immer wieder erzählen, was er gesagt, getan oder nicht getan hat. Wenn Sie sich bildlich vorstellen, dass er jetzt mit einer anderen Frau zusammen ist und die beiden dies und das tun …“

„Ja, das mache ich ständig“, sagt Sandra. „Mein Kopf ist genau mit diesen Gedanken voll. Diese Gedanken quälen mich. Manchmal habe ich das Gefühl, dass ich nicht atmen kann. Mein Herz tut so weh.“

„Was wir bis zur Leidenschaft lieben, das bringt uns schließlich um.“ Guy de Maupassant

„Ob Sie darüber reden oder nicht, ob Sie darüber nachdenken oder nicht, Sie können das, was passiert ist, nicht ungeschehen machen. Wir haben schon über Loslassen gesprochen. Versuchen Sie, Ihre Gedanken bewusst zu lenken und die Gedanken, die Sie quälen, loszulassen. Die Gedanken richtig zu lenken ist ein Segen, eine Befreiung.

Die entscheidende Frage ist: Wie lange wollen Sie in Gefühlen wie Eifersucht, Wut, Verurteilung und allem, was zum Leid führt, verharren? Denken Sie bitte über diese Frage nach.

Sie können sich auch für die Akzeptanz entscheiden und sagen: Es ist, wie es ist.

Ich bin die, die Ihnen gerne hilft und Sie unterstützt, damit Sie sich selber helfen können.“

Sandra hört mir aufmerksam zu und dann, nach einer kurzen Pause, fragt sie „Wie soll ich meine Gedanken lenken?“

„Jedes Mal, wenn Sie sich dabei erwischen, dass Sie Ihre Wunden lecken, sagen Sie laut „Stopp!“ Damit unterbrechen Sie Ihren Gedankenfluss und danach denken Sie bewusst an etwas Schönes.

Wenn Sie ein inneres Bild haben, wenn Sie zum Beispiel Ihren Mann mit einer anderen Frau zusammen sehen, lassen Sie es langsam verblassen und schieben Sie es auf die äußerste linke Seite. Auf der rechten Seite lassen Sie ein neues Bild entstehen: Sie sehen sich lachend, glücklich und strahlend.

Sie können Ihre Tage mit einem Morgenritual anfangen und sagen: ,Ich bin eine zufriedene und ausgeglichene Frau. Es ist so, weil ich es so fühle.‘ Sie sollten es einfach ausprobieren. Wichtig ist, dass Sie sich dabei wohl fühlen.“

Sandra lacht und sagt: „Wow! Ich werde das alles ausprobieren.“

„Ich empfehle Ihnen außerdem, dass Sie sich öffnen und neue Dinge versuchen, die Ihnen Spaß machen.“

„Öffnen ist gut“, antwortet sie. „Man sagt, wenn sich eine Tür schließt, öffnet sich eine andere. Ich starre aber die ganze Zeit auf die geschlossene Tür. Ich habe Angst, die Liebe loszulassen. Was bleibt mir dann, wenn ich die Liebe loslasse?“

„Ach die Liebe“, denke ich und sage: „Die Liebe bleibt, sie wird sich mit der Zeit verselbstständigen und unabhängig von der Person sein. Was Sie loslassen sollten, ist die Sehnsucht nach Unerreichbarem, die Angst und die Eifersucht.“

„Es ist aber sehr schwer“, sagt Sandra.

„Ja“, antworte ich und füge noch hinzu: „Es ist jedoch einen Versuch wert.“

Diese Sitzung war der Durchbruch unserer Zusammenarbeit. Sandra hat die Entscheidung getroffen, ihre leidvollen Gefühle loszulassen und hat konsequent daran gearbeitet. Sie hat einige Gespräche mit ihrem Ehemann geführt und hat ihm und auch sich selber verziehen. Die Ehe war aber nicht mehr zu retten.

Ich habe Sandra vier weitere Monate begleitet, mit dem Ziel, ihr Selbstbewusstsein zu stärken, bis sie sich wieder in eine strahlende und selbstsichere Frau verwandelt hat.

Fazit – Danke für die gemeinsame Zeit

Schmerz und Enttäuschung in Liebe und Vertrauen zu transformieren, Liebeskummer zu überwinden, das alles klingt unmöglich, wenn Ihr Herz gerade gebrochen ist, aber Sie werden sehen, es ist möglich. Eines Tages wird sich Ihr Schmerz lösen und Ihre Lebensfreude und Ihr Vertrauen werden zurückkehren, wenn Sie loslassen.

Wege aus dem Gefühlschaos:

- Wenn der Schmerz frisch ist und Sie sich in einem Schockzustand befinden, sind Wutausbrüche, verweinte Tage, Jammern und Selbstmitleid erlaubt. Lassen Sie Ihren Gefühlen freien Lauf. Nehmen Sie in dieser Phase Ihren Schmerz, Ihre Enttäuschung, Verletzung und Wut an. Nach einer Trauerphase wird es Ihnen gelingen die Trennung besser zu verarbeiten.
- „Lerne loszulassen, das ist der Schlüssel zum Glück", sagte Buddha.
  Stellen Sie sich nach der Trauerphase die folgenden Fragen:
  Will ich immer wieder Salz auf meine offene Wunde streuen, indem ich pausenlos meinen „bösen Wolf" füttere?
  Oder will ich meine Wunde heilen lassen?
- Sie können Ihre Wunde heilen lassen, indem Sie sich Ihrer Gedanken bewusst werden und sich nicht mehr in Ihren leidvollen Gedanken, Erinnerungen und Fantasiebildern verlieren. Geben Sie Ihren eingeschliffenen Denkmustern nicht mehr nach. Anbei ein paar Beispiele, wie Sie sich helfen können:
  Jedes Mal, wenn Sie sich dabei erwischen, dass Sie leidvolle Gedanken hegen, sagen Sie laut „Stopp!" Damit unterbrechen Sie Ihren Gedankenfluss.
- Wenn Sie innere Fantasiebilder haben und Sie vor Ihrem inneren Auge Ihren Mann mit einer anderen Frau zusammen sehen oder ein belastendes Bild aus der Vergangenheit, versuchen Sie dieses Bild zu löschen. Sie können das Bild mit

einem imaginären Tuch – oder, wenn Ihnen diese Methode zu sanft erscheint – mit einem Gartenschlauch löschen.

- Eine weitere Methode heißt „Gedanken Kung-Fu", machen Sie es wie ein Shaolin, kicken Sie das belastende Bild in Ihrem Kopf einfach weg: „Stellen Sie sich nun hin, die Füße schulterbreit auseinander. Ziehen Sie ein Knie an und kicken Sie das Bild in Ihrer Vorstellung mit einem Fußtritt in die Luft nach vorn weg – mindestens vier Meter weit. Lassen Sie das Bild mit jedem Zentimeter, den es wegfliegt, schrumpfen und verblassen. Kommt das Bild zurück, weil es sehr starke Emotionen in Ihnen hervorruft, kicken Sie es ruhig mehrmals und mit mehr Kraft weg." (Maurer, Shi Xing Mi; 2014; 163)
- Erschaffen Sie neue Denkmuster und Überzeugungen. Sie können Ihre Tage mit einem Morgenritual beginnen und folgende oder ähnliche Sätze sagen wie z. B.: „Von Tag zu Tag bin ich glücklicher, es ist so, weil ich es so fühle." Sie sollten es einfach ausprobieren. Wichtig ist, dass Sie sich dabei wohlfühlen.
- Wenn Sie Ihrem Ex-Partner vergeben können und sich bei ihm für die gemeinsame Zeit, für alle Erfahrungen, Erlebnisse, die Sie gemeinsam hatten, bedanken können, dann können Sie stolz auf sich sein, Sie haben Ihren Schmerz losgelassen und ein Kapitel Ihres Lebens beendet.

Bisserl Spaß

Eine authentische Geschichte aus meinem Coaching-Alltag. Alle Angaben sind so verändert, dass die Menschen nicht wiederzuerkennen sind und ihre Anonymität gewahrt bleibt.

„Bieten Sie Coaching für Privatpersonen an?", ruft mich eines Tages ein Mann an.

„Ja, ich biete Coaching für Firmen und auch für Privatpersonen an", antworte ich und stelle meine üblichen Fragen: „Darf ich Sie fragen, woher Sie meine Nummer haben? Haben Sie mich im Internet gefunden oder hat mich jemand empfohlen?"

„Niemand hat Sie mir empfohlen. Ich möchte, gerade weil Sie unbekannt sind, zu Ihnen kommen."

Ich kann mich nicht zurückhalten und muss lachen: „Herzlichen Dank für dieses riesengroße Kompliment!"

„Nein, nein. Sie verstehen mich falsch, ich meine, ich komme aus einer kleinen Stadt und hier wollte ich zu niemandem gehen, der mich kennt. Die Anonymität der Großstadt hat mich angesprochen und die Tatsache, dass Sie mich nicht kennen und niemand aus meiner Umgebung Sie kennt", sagt er.

„Alles klar", antworte ich und wir vereinbaren einen Termin. Als Josef – so heißt der Anrufer – kommt, überrascht er mich mit seinem tadellosen Outfit, das dem idealen Erscheinungsbild eines erfolgreichen und selbstbewussten Geschäftsmannes entspricht.

„Danke für den Termin", sagt Josef mit ernster und sachlicher Miene.

Ich werde auch ernst und stelle meine Fragen: „Was ist Ihr Anliegen? Wie kann ich Ihnen helfen?"

Josef bleibt sachlich und sagt: „Ich bin jetzt an einer Wegkreuzung in meinem Leben angekommen und muss eine Entscheidung treffen. Bei dieser Entscheidungsfindung brauche ich Ihre Unterstützung.“

Ich bitte Josef, mir seine Wegkreuzung zu beschreiben.

„In der Gegend, wo ich lebe, habe ich einen guten Namen als Architekt. Ich beschäftige sechs Mitarbeiter und bin sehr stolz auf unsere Projekte und Ergebnisse. Seit über zwanzig Jahren bin ich verheiratet und meine Ehe verlief eine lange Zeit sehr harmonisch. Und jetzt überlege ich, meine Firma zu verkaufen und nach Neuseeland zu übersiedeln. Es ist eine wichtige Entscheidung und ich brauche jemanden, mit dem ich darüber reden kann.“

Josef bleibt still und ich habe so viele Fragen im Kopf, dass ich nicht weiß, welche ich zuerst stellen soll, also bleibe ich auch still und schaue ihn erwartungsvoll an.

„Ich habe das Gefühl, dass ich in der Kleinstadt ersticke“, bricht es aus ihm heraus.

Ich nicke und frage: „Was sagt Ihre Familie zu der Idee, nach Neuseeland zu übersiedeln? Unterstützt sie Sie dabei?“

„Meine Frau spricht momentan nicht mit mir und sie gibt mir das Gefühl, dass es ihr völlig egal ist, was ich tue. Es gibt in meinem Leben auch eine andere Frau und die Kleinstadt ist für uns drei zu eng geworden“, antwortet Josef und setzt fort: „Nur damit Sie mich verstehen, ich war ein braver und glücklicher Ehemann, ich bin nicht so einer, der immer eine Geliebte hatte. Und was meine Freundin betrifft, die Beziehung mit ihr ist schon fast wieder vorbei.“

„Sie brauchen sich vor mir nicht zu rechtfertigen, ich bin eine neutrale Zuhörerin.“

Josef atmet aus und erzählt: „Meine Freundin hat eine Bäckerei neben meinem Büro und ich holte dort jeden Tag meine Jause. Es war am Anfang harmlos und schön, aber irgendwann freute ich mich immer mehr auf diese Treffen. Sie begrüßte mich immer strahlend, lächelte mich an und für mich ging jedes Mal die Sonne auf. Sie war unglaublich lieb und nett zu mir und ich dachte, ein bisserl Spaß darf man doch haben.“

„Aus kleinem Anfang entspringen alle Dinge.“ Cicero

Josef ist vertieft in seine Erinnerungen und nach einer kurzen Pause erzählt er weiter: „Als meine Firma ihr 20-jähriges Jubiläum feierte, bestellte ich bei ihr eine Torte. Sie lieferte die Torte persönlich, kam in mein Büro, schlug die Tür zu und stellte die Torte auf meinen Schreibtisch. Dann – ohne ein Wort zu sagen – umarmte sie mich, küsste mich leidenschaftlich und wir liebten uns dort auf der Stelle in meinem Büro. Das war traumhaft schön. Sie können sich nicht vorstellen, was so etwas mit einem Mann macht. Ich bin über fünfzig Jahre alt und plötzlich spürte ich mich männlich und vital, wie Tarzan, der Dschungel-König. Eine Zeit lang lief alles perfekt, bis meine Frau es erfuhr."

„Es gibt da eine Weisheit für Ehemänner, die ihre Frau betrogen haben, und es vor ihr geheim halten wollen", versuche ich die Stimmung zu lockern: „Das ist genau so, als wenn du deine Wohnung mit einem Stück Speck in deiner Hosentasche betreten wolltest, ohne dass dein Hund dich bemerkt. Du hast absolut keine Chance."

„Ist gut", sagt Josef, aber lachen kann er darüber nicht.

Ich fasse zusammen, was ich bis jetzt gehört habe, und sage: „Wenn ich Sie richtig verstehe, ist die Beziehung mit Ihrer Freundin fast beendet und Sie überlegen, Ihre Firma zu verkaufen und nach Neuseeland auszuwandern. Was verstehen Sie unter „Die Beziehung ist fast vorbei?"

„Fast vorbei heißt, dass ich versuche Schluss zu machen und dabei leide wie ein Hund. Lassen Sie mich das erklären", bittet mich Josef.

Während ich Josef zuhöre, merke ich, dass er angespannt ist, seine Hände zittern. „Sie haben meine uneingeschränkte Aufmerksamkeit", antworte ich.

„Die Beziehung mit meiner Freundin dauert schon vier Jahre, wobei die letzten zwei Jahre wirklich die Hölle für mich waren. Ich habe meine Firma vernachlässigt und finde momentan keinen anderen Ausweg als Neuseeland.

Es ist nicht nur eine Affäre, ich habe intensive Gefühle. Am Anfang war ich unbeschreiblich glücklich und lebendig. Meine Freundin gab mir das Gefühl, dass ich außergewöhnlich bin und das ist ein großartiges Gefühl. Aber mit der Zeit wollte sie immer mehr. Sie drängte mich, meine Frau zu verlassen und das kann ich nicht. Um mich zu bestrafen, machte sie mich eifersüchtig. Ich war während unserer Ehe nie auf meine Frau eifersüchtig, aber was ich mit meiner Freundin erlebe, sind die größten Qualen. Die Vorstellung, dass ich sie an einen anderen verliere, lässt mich verzweifeln. Es ist wie ein Teufelskreis. Sie flirtet mit anderen und betrügt mich. Damit verliert sie immer mehr mein Vertrauen und sagt, ich bin schuld, weil ich mich nicht scheiden lasse. Aber wie soll ich mich scheiden lassen? Wegen einer Frau, der ich nicht vertraue? In letzter Zeit ähnelt unsere Beziehung einem Machtkampf. Wir tun uns weh, verletzen uns, vernichten uns Tag für Tag aufs Neue, aber gleichzeitig sind wir abhängig voneinander."

„Wenn ich Sie richtig verstehe, dann verhalten Sie und Ihre Freundin sich nach dem Muster: Wenn du dich nicht so verhältst, wie ich es gerne hätte, dann tut es mir weh und dann muss ich dir auch wehtun, damit du mindestens so leidest wie ich." Ich zitiere Eckhart Tolle, der solche Beziehungen folgendermaßen beschreibt: „(...) Wie auf Knopfdruck verwandelt sich die Liebe in Feindseligkeit oder in Liebesentzug. Das wird für normal gehalten. Für eine gewisse Zeit, ein paar Monate oder Jahre, schwenkt diese Beziehung dann zwischen den beiden Polen von Liebe und Hass hin und her. Sie bringt die Lust und den Schmerz zu gleichen Teilen. Es ist nicht ungewöhnlich, dass Paare von diesen Zügeln abhängig werden. Ihr Drama gibt ihnen ein Gefühl der Lebendigkeit (...)." (Tolle, 2013, Hörbuch)

Josef hört mir aufmerksam zu, nickt die ganze Zeit und sagt: „Ja, das ist eine ziemlich gute Beschreibung. Leider dauern mittlerweile die Schmerzphasen immer länger, und die Lustphasen werden immer kürzer. Ich kann nicht mehr. Ich möchte in Neuseeland ein neues Leben starten."

„Gut, dann sind wir jetzt beim Thema Neuseeland angekommen. Wieso ausgerechnet Neuseeland?", frage ich Josef.

„Neuseeland ist das Land meiner Kindheitsträume. Mich spricht die traumhafte Landschaft genauso an wie auch die Kultur dort.

Mein Hobby ist Malen, ich könnte dort malen und als Architekt weiterarbeiten.“

Ich gebe Josef ein paar Karten und bitte ihn, seine Möglichkeiten auf die Karten zu schreiben.

Josef schreibt:

1. Allen Mitarbeitern kündigen, Firma verkaufen, nach Neuseeland übersiedeln.
2. Alle Mitarbeiter und die Firma behalten und versuchen, wieder schwarze Zahlen zu schreiben, nicht nach Neuseeland übersiedeln.

Ich schaue seine Karten an und sage: „Das sind zwei extreme Pole, wie schwarz und weiß. Gibt es keine Zwischenstufen, keine grauen Töne in Ihrer Palette?“

„Ich könnte vier Mitarbeiter entlassen und zwei Mitarbeiter behalten, damit würde ich die Kosten reduzieren. Aber ich glaube nicht, dass sich eine Firma von Neuseeland aus managen lässt.“

„Haben Sie schon daran gedacht, erst nur für kürzere Zeit nach Neuseeland zu fahren? Ich würde Ihnen raten, in Ihrem emotionalen Zustand keine so wichtigen Entscheidungen zu treffen.“

Wir diskutieren lange über alle Möglichkeiten und analysieren die Vor- und Nachteile, bis sich Josef schließlich dafür entscheidet, mit zwei Mitarbeitern die Firma weiterzuführen und für drei Monate nach Neuseeland zu fahren. Während dieser drei Monate wird er überlegen, wie er sein Leben weiter gestalten will.

Als unser Gespräch vorbei ist, vereinbaren wir keine weitere Stunde, sondern ich empfehle Josef einen Kollegen, der einen ausgezeichneten Ruf als Paartherapeut und Beziehungsexperte hat. Damit beende ich meine Zusammenarbeit mit Josef.

Ich dachte daher, dass wir uns nicht mehr treffen würden. Umso überraschter war ich, als Josef sich nach zehn Monaten wieder bei mir meldete: „Ich bin in Wien, hätten Sie Zeit für mich? Ich möchte mich bei Ihnen bedanken, ich brauche nur zehn Minuten.“

Josef kommt strahlend in mein Büro und berichtet über sein „jetziges“ Leben. Er erzählt, dass er mit seiner Entscheidung, die

Firma nicht zu verkaufen, sehr zufrieden ist. Als alle laufenden Projekte aufgearbeitet waren, hat er sich auch von seinen letzten zwei Mitarbeitern verabschiedet. Jetzt ist er allein und nimmt nur Aufträge an, die ihm Freude bereiten. Sein Lebenszentrum hat er nach Neuseeland verlegt, er malt viel und plant eine Ausstellung seiner Bilder. Den Kontakt mit seiner Familie und mit seiner Frau hat er aufrechterhalten. Sie reden wieder miteinander, leben aber getrennt. Die Beziehung mit seiner Freundin hat die Entfernung nicht überlebt.

Als sich Josef von mir verabschiedet, sagt er: „Danke, Sie haben mir in einer schweren Zeit sehr geholfen!" Er drückt mir einen Zettel in die Hand, auf dem der folgende Text steht:

„Danke für Ihr Zuhören, danke für deep listening!"

„Deep listening is the kind of listening that can help relieve the suffering of another person. You can call it compassionate listening. You listen with only one purpose: to help him or her to empty his heart. Even if he says things that are full of wrong perceptions, full of bitterness, you are still capable of continuing to listen with compassion. Because you know that listening like that, you give that person a chance to suffer less. If you want to help him to correct his perception, you wait for another time. For now, you don't interrupt. You don't argue. If you do, he loses his chance. You just listen with compassion and help him to suffer less. One hour like that can bring transformation and healing." (Thich Nhat Hanh, Quelle: http://cultureofempathy com/References/ Experts/Thich-Nhat-Hanh.htm)

Fazit – Der Weg zu sich selbst

Machtkämpfe, Eifersucht, Abhängigkeit und eine Beziehung, die an Bedingungen geknüpft ist und mit „Ich liebe dich nur dann, wenn …“ zu beschreiben ist, bilden keine stabile Grundlage für ein dauerhaftes Glück.

Mit Achtsamkeit aus dem Gefühlschaos:

- Suchtverhalten, Zittern, innere Unruhe, Wutausbrüche, Stimmungsschwankungen, Schlafstörungen oder Konzentrationsmangel können Ihre Beschwerden sein, wenn Sie in einer Lebenssituation oder in einer Beziehung klammern.
- „Entweder ist jemand aufgrund einer Furcht oder aufgrund einer grenzenlosen und sinnlosen Begierde unglücklich …“, schreibt Porphyrios, der antike Philosoph und namhafte Gelehrte. (Hackemann, 2011; S. 67)
- Jedes Mal, wenn Ihre Gedanken um Ihr „unlösbares“ Beziehungsdrama kreisen und Sie in dem unendlichen Meer von Emotionen versinken, das aus Begehren, Eifersucht, Wut, Verlust- oder Ablehnungsangst besteht, füttern Sie Ihren „bösen Wolf“. Ist Ihnen das bewusst?
- „Ich weiß, dass sie – die Person des Begehrens – mich betrügt, aber ich will sie trotzdem. Ich kann sie nicht loslassen, sie würde eine Leere hinterlassen und ich habe Angst, dass niemand diese Leere je füllen wird.“ Kennen Sie diesen Gedanken? Genau jener ist eine Falle! Das Problem sind nicht die Gedanken, die Gedanken sind nur Gedanken. Aber überzeugt von ihnen zu sein und sie festzuhalten, das ist das Problem, was zum Leid führt. Wir erzeugen mit unseren Überzeugungen unser eigenes Drama und durch das investierte Leid scheint uns dann dieses Drama besonders wertvoll zu sein.
- Die Entscheidung, ob Sie Ihre Überzeugung und damit auch Ihre Abhängigkeit von der Person Ihres Begehrens stärken oder loslassen, liegt bei Ihnen.

- Sie können Ihr Drama in Ihrem Kopf beenden, indem Sie Ihrem „guten Wolf" auch eine Chance geben und erkennen, dass die momentane Situation nicht mehr glücklich, sondern unglücklich macht. In dem Buch „Ich brauche deine Liebe – ist das wahr?" stellen Byron Katie und Michael Katz die Frage „Wie können wir wissen, ob eine Beziehung gut ist oder nicht?" Die Antwort der zwei Autoren auf diese Frage ist: „Wenn sie nicht mehr gut ist, wissen Sie es: Sie sind nicht glücklich. Und wenn eine Beziehung in irgendeiner Hinsicht weniger als gut ist, müssen Sie Ihre Gedanken überprüfen. Sie sind dafür verantwortlich, den Weg zurück zu einer sinnvollen Beziehung zu sich selbst zu finden." (Katie, Katz, 2012; 101)

Der Weg aus einem Gefühlschaos ist der Weg zu sich selbst!

Dank

Dankbar bin ich Mag.a Karin Zeiler für ihre Ratschläge und den Mitarbeitern des Novum Verlages für die hervorragende Betreuung dieses Buches.

Einen besonderen Dank möchte ich Mag.a Alexandra Reinagl, Claudia Maurer und Shi Xing Mi aussprechen, die dieses Buch mit ihrem Vorwort bereichert haben.

Mein tiefer Dank gebührt meinen Eltern, meinem Bruder und meinen Söhnen, die mich während des Schreibens motiviert und mit viel Geduld begleitet und unterstützt haben. Ich danke auch meinem Mann für die Lebenserfahrung, die ich während unseres gemeinsamen Weges gewonnen habe.

Meine Dankbarkeit gilt auch allen nicht namentlich Genannten, die dazu beigetragen haben, dieses Buch entstehen zu lassen. Dankbar bin ich auch für positives Feedback, das mich ermutigt hat meine Geschichten weiter zu schreiben.

Ich danke auch meinen Klienten und Klientinnen, die mir vertraut und die es ermöglicht haben, dass dieses Buch entstehen kann.

Literatur

Biedermann, Klaus:
Die Kunst des Seins. Wiesbaden 1991, S. 56 ff.
Bucher, Anton A.:
Psychologie des Glücks. Beltz Verlag, Weinheim Basel, 2009, S. 174, 178–179
Csikszentmihalyi, Mihaly:
Flow im Beruf. Klett-Cotta, 2004
Chopra, Deepak:
Die Körperseele. Knaur, München, 2001
Dalai Lama; Chan, Victor:
The wisdom of compassion. Reverhead Books, New York, 2012
Danis, Agata:
Wir-Gefühl entwickeln, Die emotionalen Folgen der interkulturellen Zusammenarbeit, Der Standard, 13. 9. 2008
Elger, Christian E.:
Neuroleadership. Haufe Gruppe, 2. Auflage, 2013
Fordyce, M. W. (2000):
Human happiness – its nature and its attainment.
http://www.gethappy.net/freebok.htm (stand 22. 5. 2008)
Goldstein, Charlotte; von Schumann, Karin, Dr.:
Coaching-Newsletter von Christopher Rauen, 2014–04, Achtsamkeit im Coaching – Teil 2
Goleman, Daniel:
Emotionale Intelligenz. dtv, 23. Auflage 2013; S. 96
Goleman, Daniel:
Dialog mit dem Dalai Lama. dtv, München, 3. Auflage 2008
Hackemann, Matthias:
Epikur. Der Weg zum Glück. Anaconda Verlag, 2011; S. 67
Hanh, Thich Nhat:
Ich pflanze ein Lächeln. Goldmann Verlag, 8. Auflage, 2007, S. 22

Hanh, Thich Nhat, Quelle:
Oprah Winfrey via her incredible OWN network, talks to Thich Nhat Hanh, http://cultureofempathy.com/References/Experts/Thich-Nhat-Hanh.htm

Hansard, Christopher:
The Tibetan Art of Living: Wise Body, Mind, Life. Hodder and Stoughton, 2001

Kabat-Zinn, Jon:
Im Alltag Ruhe finden: Meditationen für ein gelasseneres Leben. Fischer Taschenbusch Verlag, Frankfurt am Main, 2009, S. 18

Boerner, Moritz; Byron, Katie:
The Work. Goldmann, 1999, 14. Auflage S. 20–21

Katie, Byron; Katz, Michael:
Ich brauche deine Liebe – ist das wahr? Goldmann Verlag, 2012; S. 101

Maurer, Claudia; Shi Xing Mi:
Gib nicht alles, gib das Richtige. Die Shaolin-Strategie für Manager. Ariston Verlag, 2014, S. 43; 163

Pink, Daniel H.:
Drive. Was Sie wirklich motiviert. Ecowin Verlag, 2010

Podsiadlowski, Astrid:
Interkulturelle Kommunikation und Zusammenarbeit. Verlag Franz Vahlen GmbH, 2004, S. 53

Rinpoche, Garchen:
Mahamudra am Gangesstrom. Der Lehrgesang des Meisters Tilopa. Otter Verlag, 2010

Sandberg, Sheryl:
Lean In: Women, Work, and the Will to Lead. Alfred A. Knopf, New York 2013

Schmidt-Tanger, Martina:
Gekonnt coachen. Präzision und Pro-vocation im Coaching. Junfermann Verlag. 2004

Schoen, Marc, PH. D.:
Kristin, Loberg: Your survival instinct is killing you. Retrain your brain to conquer fear, make better decisions and thrive in the 21st century. Hudson Street Press, New York, 2013

Shan, Master Han:

Das Geheimnis des Loslassens. Der Schlüssel zu wahrem Glück und innerem Wohlbefinden. Lübbe Ehrenwirth, Köln, 2011, S. 101; 185; 196–198

Tan, Chade-Meng:

Search inside yourself. Das etwas andere Glücks-Coaching. Arkana, 2012, S. 143–145; 238

Tolle, Eckhart:

Stille spricht: Wahres Sein berühren. München, 2003

Tolle, Eckhart:

Leben im Jetzt. Wilhelm Goldmann Verlag, 2014, S. 77

Tolle, Eckhart:

Lebendige Beziehungen JETZT!, m. Audio-CD, 2013

Wlodarek, Eva:

Mich übersieht keiner mehr. Krüger Verlag, 9. Auflage 1998, S. 47

Über die Autorin

Dr. Agata Danis ist Unternehmensberaterin, Trainerin und eine der bedeutendsten Coaches in Österreich. Als promovierte Naturwissenschaftlerin (Biochemikerin) blickt sie auf eine langjährige Erfahrung im Management und in der Führung und Abwicklung von internationalen Großprojekten zurück. Seit 2000 ist sie im Bereich Personalentwicklung tätig und begleitet Menschen in ihrem beruflichen Fortkommen. Als Beraterin, Trainerin und systemischer Coach bietet sie ihren Klienten und Klientinnen lösungsorientierte Begleitung auf dem Weg zum Ziel bzw. zum Erfolg, mit den Themenschwerpunkten interkulturelles Management und Persönlichkeitsentwicklung.

Dabei geht sie davon aus, dass jeder Mensch zum Erfolg geboren ist, wenn er sein persönliches Potenzial und seine Stärken erkennt und zielgerichtet einsetzt.

Ihre Werte und Philosophie sind:

- Wertschätzung und uneingeschränkte Aufmerksamkeit dem Klienten und seinen Anliegen gegenüber
- Systemisches Denken und Handeln
- Ziel- und lösungsorientierter Ansatz
- Authentizität, Empathie und professioneller Zugang

Wenn Sie der Autorin schreiben möchten, erreichen Sie sie unter der E-Mail-Adresse office@inconsulting.at.

Über die Arbeit der Autorin als Unternehmensberaterin, Trainerin und Coach erfahren Sie mehr unter www.inconsulting.at.

Die Autorin

Dr. Agata Danis ist europaweit gefragte Trainerin und Coach im Rahmen ihres Beratungsunternehmens InConsulting in Wien. Sie trainiert und coacht in vier Sprachen mit den Schwerpunkten interkulturelles Management und Persönlichkeitsentwicklung. Als promovierte Naturwissenschaftlerin blickt sie auf eine langjährige Erfahrung im Management sowie in der Führung und Abwicklung von internationalen Großprojekten zurück.